Informatik im Fokus

Herausgeber:

Prof. Dr. O. Günther
Prof. Dr. W. Karl
Prof. Dr. R. Lienhart
Prof. Dr. K. Zeppenfeld

Informatik im Fokus

Rauber, T.; Rünger, G.
Multicore: Parallele Programmierung. 2008

El Moussaoui, H.; Zeppenfeld, K.
AJAX. 2008

Behrendt, J.; Zeppenfeld, K.
Web 2.0. 2008

Hoffmann, S.; Lienhart, R.
OpenMP. 2008

Steimle, J.
Algorithmic Mechanism Design. 2008

Stych, C.; Zeppenfeld, K.
ITIL®. 2008

Friedrich, J.; Hammerschall, U.; Kuhrmann, M.; Sihling, M.
**Das V-Modell XT. Für Projektleiter und QS-Verantwortliche
- kompakt und übersichtlich.** 2008

Brill, M.
Virtuelle Realität. 2008

Kramer, O.
Computational Intelligence. Grundlagen und Konzepte. 2009

Becker, J.; Mathas, C.;Winkelmann, A.
Geschäftsprozessmanagement. 2009

Finger, P.; Zeppenfeld, K.
SOA und Web-Services. 2009

Stuckenschmidt, H.
Ontologien. Konzepte, Technologien und Anwendungen. 2009

Simon Hoffmann · Rainer Lienhart

OpenMP

Eine Einführung in die
parallele Programmierung mit C/C++

 Springer

Simon Hoffmann
Institut für Informatik
Universität Augsburg
Eichleitnerstr. 30
86135 Augsburg
simon.h@gmx.net

Prof. Dr. Rainer Lienhart
Institut für Informatik
Universität Augsburg
Eichleitnerstr. 30
86135 Augsburg
rainer.lienhart@informatik.uni-augsburg.de

Herausgeber:

Prof. Dr. O. Günther
Humboldt Universität zu Berlin

Prof. Dr. R. Lienhart
Universität Augsburg

Prof. Dr. W. Karl
Universität Karlsruhe (TH)

Prof. Dr. K. Zeppenfeld
Fachhochschule Dortmund

ISBN 978-3-540-73122-1   e-ISBN 978-3-540-73123-8

DOI 10.1007/978-3-540-73123-8

ISSN 1865-4452

Bibliografische Information der Deutschen Nationalbibliothek
Die Deutsche Nationalbibliothek verzeichnet diese Publikation in der Deutschen Nationalbibliografie; detaillierte bibliografische Daten sind im Internet über http://dnb.d-nb.de abrufbar.

Korrigierter Nachdruck 2009

Einbandgestaltung: KünkelLopka Werbeagentur, Heidelberg

Gedruckt auf säurefreiem Papier

9 8 7 6 5 4 3 2 1

springer.com

Vorwort

Seit der Einführung der Hyper-Threading Technologie durch Intel im Jahr 2002 haben auch normale Arbeitsplatzrechner die Fähigkeit, zwei Programme bzw. zwei Threads echt gleichzeitig auf einem Rechner und damit schneller als auf einer einzelnen CPU auszuführen. Dieser Trend hat sich mit den aktuellen Dualcore- und Quadcore-CPUs verfestigt. Um derartige Prozessoren optimal ausnutzen zu können, ist es zwingend notwendig, Anwendungen zu parallelisieren. Unter der Parallelisierung eines Programms versteht man, dass mehrere Teile einer Aufgabe gleichzeitig nebeneinander ausgeführt werden, um so die Gesamtaufgabe schneller als bei strikt serieller Verarbeitung zu beenden. Dabei zwingen zwei akute Probleme beim Entwurf von Prozessoren jeden Programmierer, sich langfristig mit der parallelen Programmierung zu befassen:

Alle 18 Monate verdoppelt sich die Anzahl der Transistoren auf den CPUs. Die Produktivitätzuwächse bei den CPU-Entwurfswerkzeugen steigt aber nur mit einer viel kleineren Rate. Die CPU-Designer haben also das Problem, dass die Anzahl der zur Verfügung stehenden Bauteile viel schneller wächst als ihre Fähigkeit, diese sinnvoll zu verplanen. Ein „einfacher" Ausweg ist es, Funktionseinheiten wie ganze CPUs zu replizieren. Wir sehen dies an den aktuellen Prozessoren.

Zweitens fällt es immer schwerer, unter Einhaltung einer gegebenen maximalen elektrischen Leistungsaufnahme, die Geschwindigkeit, mit der einzelne Threads verarbeitet werden, zu erhöhen. Ein Grund ist, dass mit höheren Taktraten und kleineren Transistorstrukturen die sogenannten Leckströme auf der CPU stark zunehmen. Auch dies zwingt die Hardwareindustrie, sich stärker auf Parallelprozessoren zu konzentrieren.

Für Informatiker ist das Erlernen der parallelen Programmierung daher unabdingbar. OpenMP ist eine Programmiertechnik, diese leicht und verständlich durchführen zu können. Das Ziel des vorliegenden Buches ist es, OpenMP aus der Perspektive des C/C++-Programmierers vorzustellen. Dabei wird der aktuelle Entwurf für die Spezifikation 3.0, die gerade der Öffentlichkeit zugänglich gemacht worden ist, berücksichtigt.

Jedes Buch hat viele Helfer. Unser Dank gilt Anke Susanne Hoffmann und Sandra Witt für das Korrekturlesen, Agnes Herrmann und Clemens Heine vom Springer-Verlag für die gute Zusammenarbeit und Michael Reinfarth von le-tex Jelonek, Schmidt & Vöckler für die technische Unterstützung.

Wir wünschen unseren Lesern viel Erfolg und große Zeitersparnis bei der Parallelisierung ihrer C/C++-Programme.

München und Augsburg,   *Simon Hoffmann*
im Februar 2008   *Rainer Lienhart*

Inhaltsverzeichnis

1 Einführung 1

  1.1 Merkmale von OpenMP 2

     1.1.1 OpenMP-fähige Compiler 6

  1.2 Parallele Programmierung 7

     1.2.1 Prozesse und Threads 8

     1.2.2 Parallele Hardwarearchitekturen 10

     1.2.3 Leistungsmessung 13

     1.2.4 Das Amdahl'sche Gesetz 14

     1.2.5 Eine andere Sichtweise – das Gustafson'sche Gesetz 16

2 Das OpenMP-Ausführungsmodell 23

  2.1 Hallo Welt! 24

  2.2 Arbeit aufteilende Direktiven 28

  2.3 Fehlerbehandlung in OpenMP 29

3 Parallelisierung von Schleifen 31

  3.1 Parallelität auf Schleifenebene 31

  3.2 Zugriff auf Variablen und Kommunikation zwischen Threads 37

3.2.1   Gemeinsam und privat genutzte
        Variablen 40
3.2.2   Änderung des Standardverhaltens
        mit `default` 45
3.2.3   Parallele Berechnungen mit
        `reduction` 46
3.2.4   Lokale und automatische Variablen . . 49
3.2.5   Initialisierung und Finalisierung
        von privaten Variablen 51
3.3   Ablaufpläne mit `schedule` 58
3.3.1   Statische und dynamische Ablaufpläne 59
3.3.2   Syntax 60
3.3.3   Bedingte Parallelisierung 64
3.4   Anzahl der Threads in einem Team 64
3.5   Datenabhängigkeiten 67
3.5.1   Das Problem der Datenabhängigkeiten 68
3.5.2   Datenabhängigkeiten in Schleifen 69
3.5.3   Datenabhängigkeiten finden 69
3.5.4   Datenabhängigkeiten in
        verschachtelten Schleifen 72
3.5.5   Typen von Datenabhängigkeiten 74
3.5.6   Entfernen von Datenabhängigkeiten . 75
3.6   Nicht-parallele Ausführung mit `single` 82
3.6.1   Die `copyprivate`-Klausel 82
3.7   Implizite Barrieren mit `nowait` umgehen . . . 83
3.8   Paralleles Traversieren von Containerklassen 84

4   Synchronisation 89
4.1   Wettlaufsituationen und kritische Abschnitte 89
4.2   Kritische Abschnitte in OpenMP 92
4.2.1   Deadlocks 94
4.3   Atomare Operationen mit `atomic` 95
4.4   `reduction` und Vergleich der Laufzeiten 97

4.5 Synchronisierung mit der OpenMP-
Laufzeitbibliothek 98
4.5.1 Deadlocks und verschachteltes
Locking 100
4.5.2 Scoped Locking in C++ 101
4.6 Synchronisierung von Ereignissen 105
4.6.1 Barrieren 106
4.6.2 Geordnete Ausführung 106
4.6.3 Nichtparallele Ausführung durch
den Master-Thread 108
4.6.4 Konsistente Speicherbelegung mit
flush 109

5 Parallele Abschnitte 113
5.1 Parallele Teilaufgaben mit sections 113
5.2 Globale Variablen und threadprivate 118
5.3 Verwaiste Direktiven 121
5.4 Verschachtelte parallele Abschnitte 122

6 Parallele Aufgaben 125
6.1 Eine Task-Warteschlange mit OpenMP-
Bordmitteln 127
6.2 Intel-spezifische Erweiterungen: taskq und
task 129
6.3 Ausblick auf die task-Direktive in
OpenMP 3.0 134
6.3.1 Scheduling-Punkte 136

7 Die OpenMP-Laufzeitbibliothek 139
7.1 Zeitmessung 139
7.2 Parameter der Laufzeitumgebung 141
7.2.1 Dynamische Anpassung von
Thread-Teamgrößen 141
7.3 Synchronisation 143

8   Effiziente Parallelisierung 145

Literaturverzeichnis 155

Sachverzeichnis 159

1

Einführung

OpenMP ist eine Programmierschnittstelle, mit deren Hilfe Parallelität in C, C++ und Fortran-Programmen spezifiziert werden kann. Anders als viele konkurrierende Ansätze zur Parallelisierung erfordert OpenMP nur minimale Änderungen am ursprünglich sequenziellen Quellcode und trägt so erheblich zu der Lesbarkeit des resultierenden Quelltextes bei. Oft müssen nur ein paar zusätzliche Anweisungen an den Compiler eingefügt werden. Dies bedeutet, dass es – sofern sich OpenMP zur Spezifizierung der gewünschten Parallelität eignet – kaum einen schnelleren Weg gibt, C/C++ und Fortran-Programme zu parallelisieren.

OpenMP setzt sich aus einer Menge von Compilerdirektiven, Bibliotheksfunktionen und Umgebungsvariablen zusammen. Das Ziel von OpenMP ist es, ein portables paralleles Programmiermodell für Shared-Memory-Architekturen verschiedener Hersteller zur Verfügung zu stellen. Die Direktiven erweitern die zugrundeliegende Programmiersprache mit Konstrukten zur Arbeitsaufteilung zwischen parallel laufenden Threads und Konstrukten zur Synchronisierung dieser Threads und ermöglichen ihnen gemeinsamen oder getrennten Zugriff auf Daten. Die Bibliotheksfunktionen und Umgebungsvariablen steuern die Parameter der Laufzeitumgebung, in der das parallele Programm läuft. OpenMP wird von zahlreichen Compilerherstellern unterstützt; entsprechende Compiler verfügen oft über eine Kommandozeilenoption, mit Hilfe derer sich die Interpretation der OpenMP-spezifischen Compileranweisungen an- und ausschalten lässt.

Wie das „Open" im Namen bereits vermuten lässt – das „MP" steht für *multi processing* – ist OpenMP ein offener Standard. Die erste Adresse im Web für OpenMP ist `http://www.openmp.org`, von wo auch die – für ein technisches Dokument ausgezeichnet lesbare – offizielle OpenMP-Spezifikation des OpenMP Architecture Review Board heruntergeladen werden kann [27]. Ebenfalls erwähnt werden sollte die Webseite der Gemeinschaft der OpenMP-Benutzer, `http://www.compunity.org`.

1.1 Merkmale von OpenMP

Das folgende minimale Codebeispiel in C++, in dem ein Vektor von ganzen Zahlen parallel von mehreren Threads initialisiert wird, soll einen ersten Vorgeschmack bieten und einige der Eigenschaften von OpenMP aufzeigen:

```
1  const int size = 524288;
2  int arr[size];
3  #pragma omp parallel for
4  for(int i = 0; i < size; ++i)
5    arr[i] = i;
```

In den beiden ersten Zeilen wird ein Vektor von ganzen Zahlen namens *arr* der Größe 524288 definiert. In Zeile 3 begegnen wir dem ersten OpenMP-Ausdruck: Die (auch Pragma

genannte) *Compilerdirektive* `#pragma omp parallel for`
bewirkt, dass die in Zeile 4 folgende `for`-Schleife parallel
von mehreren Threads ausgeführt wird. Der Schleifenkörper dieser Schleife besteht aus der einzelnen Anweisung in
Zeile 5, in der jedem Vektorelement sein Index als Wert
zugewiesen wird. Diese Anweisung ist es, die parallel ausgeführt wird. Ohne auf Details, wie die genaue Anzahl der
zum Einsatz kommenden Threads, oder die Frage, auf welche Bereiche des Vektors von welchem dieser Threads zugegriffen wird, bereits an dieser Stelle näher einzugehen, zeigt
sich folgendes:

- OpenMP bietet einen hohen Abstraktionsgrad. Der Programmierer muss die Threads nicht explizit initialisieren, starten oder beenden. Der Code, der von den
  Threads parallel ausgeführt werden soll, steht zwischen
  den sequentiell auszuführenden Anweisungen im Quelltext und nicht etwa in einer separaten Funktion, wie es
  z. B. bei der Pthreads-Bibliothek [25] der Fall ist. Auch
  die bereits erwähnte Zuordnung von Vektorindizes zu
  Threads erfolgt implizit, kann jedoch – sofern gewünscht
  – vom Programmierer beeinflusst werden (siehe Kapitel 3.3).

- Die ursprüngliche sequenzielle Codestruktur bleibt erhalten. Ein nicht OpenMP-fähiger Compiler ignoriert
  die OpenMP-spezifischen Pragmas oder gibt eine Warn-
  meldung aus, ohne jedoch die Compilierung zu unterbrechen.

- Aus der obigen Eigenschaft folgt, dass mit OpenMP die
  schrittweise Parallelisierung eines Programms möglich
  ist. Da der Quelltext nicht (wesentlich) verändert, sondern nur ergänzt werden muss, bleibt der Code stets
  lauffähig. Somit sind Parallelisierungen mit OpenMP
  auch einfach auf Korrektheit zu testen – man schaltet

dazu die entsprechende Kommandozeilenoption ab und erhält eine lauffähige serielle Version zu Vergleichszwecken.

- Parallelisierungen mit OpenMP sind lokal begrenzt. Für eine erfolgreiche Parallelisierung genügt oft schon eine Erweiterung von relativ geringem Umfang.
- Mit OpenMP sind Leistungsoptimierungen „in letzter Minute" möglich, da kein Neuentwurf der Applikation zur Parallelisierung notwendig ist.
- OpenMP ist portierbar und wird von nahezu allen großen Hardwareherstellern unterstützt.
- OpenMP ist ein offener, herstellerübergreifender Standard. OpenMP existiert seit 1997 und hat sich mittlerweile etabliert. Der Standard liegt in der Version 2.5 vor, und Version 3.0 steht vor der Tür [28]. Es stehen OpenMP-fähige Compiler von verschiedenen Herstellern zur Verfügung. Auch wenn es in der Praxis kleine Unterschiede in der konkreten Umsetzung des Standards gibt, kann jeder dieser Compiler korrekten OpenMP-Code verarbeiten.

OpenMP ist einfach zu verwenden. Die Direktiven, auch Pragmas genannt, weisen den Compiler an, bestimmte Codeabschnitte zu parallelisieren. Alle für OpenMP relevanten Pragmas beginnen mit `#pragma omp`. Nicht OpenMP-fähige Compiler ignorieren diese einfach. OpenMP-Pragmas haben allgemein die Form:

```
#pragma omp <Direktive> [Klausel [[,] Klausel
     ] ...]
```

Klauseln sind optional und beeinflussen das Verhalten der Direktive, auf die sie sich beziehen. Jede Direktive hat eine andere Menge von gültigen Klauseln. Für einige Direktiven ist diese Menge leer; es sind also keine Klauseln erlaubt.

Alle Anweisungen der Form `#pragma omp <Direktive>` `[Klausel [[,] Klausel] ...]` müssen mit einem Zeilenumbruch enden. Insbesondere dürfen sie nicht mit der öffnenden Klammer des nachfolgenden Codeblocks enden:

```
// falsch gesetzte Klammer
#pragma omp parallel {
    // compiliert nicht
}


// richtig gesetzte Klammer
#pragma omp parallel
{
    // Code
}
```

Die Funktionen der Laufzeitbibliothek werden hauptsächlich dazu verwendet, Parameter der Laufzeitumgebung von OpenMP abzufragen bzw. zu setzen. Darüber hinaus enthält die Bibliothek Funktionen zur Synchronisation von Threads. Möchte man Funktionen der Laufzeitbibliothek in einem Programm verwenden, so muss die Headerdatei `omp.h` eingebunden werden. Wenn die Anwendung nur Pragmas verwendet, kann auf das Einbinden von `omp.h` theoretisch verzichtet werden. Allerdings erzeugt beispielsweise der C/C++-Compiler aus Microsoft Visual Studio 2005 kein ausführbares Programm, wenn die Datei nicht eingebunden wurde. Es empfiehlt sich also, `omp.h` für alle zu parallelisierenden Programme zu inkludieren.

Sollte ein Compiler OpenMP nicht unterstützen, so wird er auch `omp.h` nicht kennen. Hier kommen nun die OpenMP-spezifischen Umgebungsvariablen ins Spiel: Für einen OpenMP-fähigen Compiler ist bei aktivierter OpenMP-Option die Variable `_OPENMP` definiert; ihr Wert entspricht dem Datum der umgesetzten OpenMP-Spezifikation im Format $jjjjmm$. Diese kann zur bedingten Klammerung mit

`#ifdef` verwendet werden, so dass ausgewählte, OpenMP-spezifische Codeabschnitte in die Compilierung einbezogen oder von ihr ausgeschlossen werden können. Im folgenden Codestück wird `omp.h` nur inkludiert, wenn `_OPENMP` definiert ist:

```
#ifdef _OPENMP
#include <omp.h>
#endif
// ...
```

1.1.1 OpenMP-fähige Compiler

Folgende C/C++-Compiler unterstützen OpenMP (ohne Anspruch auf Vollständigkeit):

- Visual Studio 2005 und 2008 in der Professional- bzw. Team Edition-Variante, nicht aber die Express-Edition. Für jedes C/C++-Projekt lässt sich über dessen Eigenschaften unter *Configuration Properties (Konfigurationseigenschaften)* → *C/C++* → *Language (Sprache)* der Schalter „OpenMP support" aktivieren; dies entspricht der Compileroption „/openmp".
- Intels C++-Compiler ab der Version 8 implementiert den OpenMP-Standard und zusätzlich weitere Intel-spezifische Direktiven, die über den Standard hinausgehen. Die Version für Linux ist für nicht kommerzielle Zwecke frei erhältlich, die Versionen für Windows und Mac OS X zumindest in kostenlosen Testversionen.
- GCC unterstützt OpenMP seit der Version 4.2. Soll OpenMP zum Einsatz kommen, muss ein Programm mit der Option `-fopenmp` übersetzt werden.
- Sun Studio für Solaris OS implementiert ebenfalls den OpenMP-Standard 2.5.

Werden die o.g. Compileroptionen aktiviert, wird auch die im vorigen Abschnitt beschriebene Variable _OPENMP definiert. Möchte man ein mit OpenMP parallelisiertes Programm sequenziell ausführen (etwa zu Debugging- oder Zeitmessungszwecken), so genügt es, den Quellcode ohne die entsprechenden Compileroptionen neu zu übersetzen.

Über dieses Buch

Dieses Buch betrachtet OpenMP aus der Perspektive des C/C++-Programmierers und setzt entsprechende Kenntnisse in diesen Programmiersprachen voraus. OpenMP im Kontext der Programmiersprache Fortran, für die OpenMP ebenfalls spezifiziert ist, wird *nicht* behandelt.

Zum Zeitpunkt der Abfassung waren die OpenMP-Spezifikation 2.5 vom Mai 2005 aktuell und ein Entwurf für die Spezifikation 3.0 gerade der Öffentlichkeit zugänglich gemacht worden [28]. Demnach wird OpenMP 3.0 einige neue Merkmale enthalten, die zum Teil bereits vorab in ähnlicher Form in den OpenMP-fähigen Compilern einzelner Hersteller implementiert waren, wie z. B. Konstrukte zur Spezifikation von Task-Parallelität im C++-Compiler von Intel. Diese Konstrukte finden im vorliegenden Buch bereits Berücksichtigung (siehe z. B. Kapitel 6.2).

1.2 Parallele Programmierung

Der verbleibende Teil dieses einführenden Kapitels gibt einen kurzen Überblick über allgemeine Konzepte paralleler Programmierung wie Prozesse und Threads, Parallelverarbeitung auf Multicoreprozessoren und Leistungsmessung paralleler Programme. Mit diesen Themen bereits vertraute Leser, die sofort in OpenMP einsteigen wollen, können direkt zu Kapitel 3 weiterblättern. Für eine ausführlichere Behandlung paralleler Architekturen und der Konzepte paralleler Programmierung siehe z. B. [29] aus derselben Reihe.

1.2.1 Prozesse und Threads

Als *Prozess* bezeichnet man ein Programm, das gerade vom Betriebssystem ausgeführt wird. Im Gegensatz zum statischen Programmcode auf der Festplatte handelt es sich also um eine aktive Instanz des Programmcodes. Können in einem System mehrere Prozesse gleichzeitig aktiv sein, bezeichnet man dies als *time-sharing* oder *multitasking* System. Der Ausdruck time-sharing kommt daher, dass – vor allem auf Ein-CPU-Maschinen – diese gleichzeitige Aktivität oft nur dadurch vorgetäuscht wird, dass jeder Prozess innerhalb einer Sekunde mehrfach, aber nur für einen sehr kurzen Zeitraum ausgeführt wird. Da jeder Prozess mehrfach für kurze Zeit ausgeführt wird, ergibt sich der Eindruck der Gleichzeitigkeit der Prozesse. Ein Prozess-Scheduler regelt die genaue zeitliche Ausführung und weist die Prozesse den CPU(s) zu.

Ein Prozess setzt sich aus folgenden Elementen zusammen:

- einer eindeutigen Identifikationsnummer, der Prozess-ID (PID)
- dem Programmcode
- dem aktuellen Wert des Programmschrittzählers
- den aktuellen CPU-Registerwerten
- dem *Stack*, einem Speicherbereich, der lokale Variablen, Rücksprungadressen und Werte von Funktionsparametern enthält

- dem *Datenbereich*, in dem globale Variablen abgelegt sind
- dem *Heap*, einem Speicherbereich für dynamisch angelegte Variablen.

Unterschiedliche Betriebssysteme stellen unterschiedliche Mittel zum Anlegen von Prozessen zur Verfügung. In der UNIX-Welt beispielsweise übernimmt diese Aufgabe der Systemaufruf `fork()`, unter der Win32 API benutzt man `CreateProcess()`.

Entscheidet der Scheduler, dass ein Prozess P auf einer CPU zur Ausführung gelangen soll, so muss das Betriebssystem den aktuellen Status des derzeit dort ausgeführten Prozesses Q sichern, indem alle oben genannten Elemente im sogenannten *Prozesskontrollblock* abgelegt werden. Von dort können sie wiederhergestellt werden, sobald Prozess Q wieder an der Reihe ist, ausgeführt zu werden. Dieses Umschalten zwischen verschiedenen Prozessen bezeichnet man als *Context Switching*.

In modernen Betriebssystemen kann ein Prozess über mehrere Ausführungsstränge oder *Threads* verfügen. Ein Thread kann als „Light-Version" eines Prozesses betrachtet werden. Neben einer Identifikationsnummer besteht er aus dem aktuellen Wert des Programmzählers, den Registerwerten und einem Stack. Die anderen Elemente eines Prozesses – Programmcode, Datenbereich, Heap und etwaige weitere Ressourcen wie offene Dateien – teilt er sich mit den anderen Threads, die zum selben Prozess wie er gehören. Ein Prozess mit mehreren Threads kann also mehrere Aufgaben auf einmal erledigen. Das erhöht z. B. die Reaktionsgeschwindigkeit auf Benutzereingaben in grafischen Oberflächen. Ein weiterer Vorteil ist der gemeinsame Zugriff auf Ressourcen innerhalb eines gemeinsam genutzten Adressraums; da auch weniger Informationen gesichert und wiederhergestellt werden müssen, ist es ökonomischer, Context Switching zwischen Threads statt zwischen Prozessen zu vollziehen. Darüber hinaus können in Systemen mit mehreren Prozessoren die Threads tatsächlich gleichzeitig auf unterschiedlichen CPUs laufen und die Parallelität voll ausnutzen [33]. APIs, die dem Programmierer Zugriff auf diese Funktionalität geben, sind beispielsweise die Pthreads-Bibliothek [25] oder die Win32 API.

Hier kommt nun OpenMP ins Spiel, mit Hilfe dessen die Parallelausführung von Programmcode durch unterschiedliche Threads spezifiziert werden kann. Es spielt für den OpenMP-Programmierer keine Rolle, mit welchem Threadmodell die OpenMP-Spezifikation im gerade benutzten Compiler umgesetzt wurde. Um diese und viele weitere Details wie explizites Starten und Beenden von Threads muss er sich nicht kümmern. Im Sinne von OpenMP ist ein Thread ein Kontrollfluss, der zusammen mit anderen Threads einen markierten Codeabschnitt parallel ausführt.

1.2.2 Parallele Hardwarearchitekturen

Als „Moore'sches Gesetz" bezeichnet man heute die Faustregel, wonach sich die Anzahl an Transistoren auf einem handelsüblichen Prozessor alle achtzehn Monate verdoppelt [38]. Sie wurde (in etwas anderer Form) 1965 von Gordon Moore auf der Basis empirischer Beobachtungen erstmals formuliert [24] und erfuhr über die Jahre einige Abwandlungen, hat aber ihre Gültigkeit behalten[1]. In der jüngeren Vergangenheit wird die mit der Erhöhung der Transistorenanzahl einhergehende Leistungssteigerung der Prozessoren nicht mehr durch eine Erhöhung der Taktrate erzielt,

---

[1] Gordon Moore selbst hat seinem „Gesetz" 2007 noch eine Gültigkeitsdauer von 10-15 Jahren vorhergesagt, bis eine Grenze erreicht sei.

da technische Beschränkungen dagegen sprechen, sondern durch zunehmende Parallelität auf Prozessorebene [20]. Die Designansätze umfassen u. a. *Hyperthreading*, bei dem mehrere Kontrollflüsse auf einem Prozessor bzw. Prozessorkern ausgeführt werden, sowie *Multicore-Prozessoren*, in denen auf einem Chip mehrere Prozessorkerne mit jeweils eigenen Recheneinheiten integriert sind [16].

In der Vergangenheit konnte man darauf vertrauen, dass alleine durch die mit Erhöhung der Taktrate einhergehende Leistungssteigerung bereits existierende sequenzielle Programme ohne Modifikationen immer schneller ausgeführt werden konnten. Mit zunehmender Parallelität auf Prozessorebene gilt dies nicht mehr. Um die verfügbare Rechenleistung moderner Architekturen auszunutzen, ist es insbesondere durch die wachsende Verbreitung von Multicorechips notwendig geworden, die auszuführenden Programme diesen Gegebenheiten anzupassen und ebenfalls zu parallelisieren. Techniken paralleler Programmierung gehören damit zunehmend zum Rüstzeug eines jeden Programmierers. OpenMP bietet für bestimmte Arten von Architekturen, die im nächsten Abschnitt definiert werden, die Möglichkeit, sequenziellen Code inkrementell zu parallelisieren, und stellt damit eine attraktive Möglichkeit zur Programmierung von Anwendungen für Multicorechips dar.

Allgemein lassen sich Hardwarearchitekturen nach ihrer Anzahl paralleler Daten- und Kontrollflüsse in eine der 1972 von Michael J. Flynn [12] vorgeschlagenen Kategorien einordnen:

- *Single Instruction, Single Data (SISD)*: sequenzielle Rechner, die weder auf der Daten- noch auf der Anweisungsebene parallel arbeiten, wie z. B. der „klassische" PC.
- *Single Instruction, Multiple Data (SIMD)*: Eine Anweisung kann parallel auf mehreren Datenströmen ausge-

führt werden. Beispiele sind GPUs in Grafikkarten; ein weiteres Beispiel sind die SIMD Anweisungen, die Intel erstmals 1997 mittels der MMX-Technologie beim Pentium Prozessor und AMD 1998 mittels 3DNow!-Technologie beim K6 einführte. Zahlreiche Befehlserweiterungen und Befehlsverbesserungen folgten unter der Namensfamilie der Streaming SIMD Extensions (SSE, SSE2, SSE3, SSE4).

- *Multiple Instruction, Single Data (MISD)*: Ein eher theoretisches Konzept, das bislang nicht für die Massenfertigung von Hardware Verwendung gefunden hat, da mehrere Kontrollflüsse meist auch mehrere Datenströme benötigen, um effektiv rechnen zu können.

- *Multiple Instruction, Multiple Data (MIMD)*: Systeme aus mehreren, voneinander unabhängig auf verschiedenen Daten arbeitenden Prozessoren. Das Standardbeispiel hierfür sind verteilte Systeme wie PC-Cluster, aber auch heutige Multicore-Prozessoren. Diese Klasse lässt sich daher wiederum nach der verwendeten Speicherorganisation in zwei Unterklassen einteilen: Jene mit verteiltem Speicher (z. B. Cluster) und jene mit gemeinsam genutztem Speicher (*shared memory*) wie Multicore-Prozessoren, bei denen jeder auf dem Chip vorhandene Kern Zugriff auf den gemeinsamen physikalischen Speicher hat. In letzterem Fall spricht man auch von *Symmetric Multiprocessing (SMP)*. Parallele Programmierung solcher Shared-Memory-Architekturen ist die Domäne von OpenMP.

Es sei noch angemerkt, dass in einer Anwendung verschiedene Parallelitätsebenen kombiniert sein können: Ein Programm kann auf einem Shared-Memory-Rechner R auf mehreren Prozessoren mit OpenMP parallelisiert ausgeführt werden. Auf jedem dieser Prozessoren können wiederum SIMD-Konzepte wie SSE zum Einsatz kommen. Zusätzlich könnte auf einer äußeren Organisationsebene das Programm Teil eines verteilten Systems sein, d. h. weitere Programminstanzen könnten auf einem Cluster verteilt ausgeführt werden.

1.2.3 Leistungsmessung

Bleibt die Frage, welchen Laufzeitvorteil man durch die Parallelisierung abzüglich des zusätzlichen Mehraufwandes bei der Verwaltung der parallelen Threads erzielen kann. Zum Vergleich von seriellen und parallelen Programmen zieht man die beiden Kenngrößen Beschleunigung (engl. *speedup*) und Effizienz (engl. *efficiency*) heran.

Die Beschleunigung s_n ergibt sich als Quotient der Laufzeiten t_1 der sequenziellen und t_n der parallelen Version eines Programms, d. h. aus dem Verhältnis der Ausführungsdauer t_1 auf einem Prozessor zur Ausführungszeit t_n auf n Prozessoren. Die Beschleunigung s_n misst also, wie gut sich ein Programm durch Parallelverarbeitung beschleunigen lässt:

$$s_n = \frac{t_1}{t_n}$$

Die Beschleunigung alleine sagt aber noch nichts darüber aus, wie gut die zusätzlichen Prozessoren im Parallelbetrieb ausgenutzt werden. Die Effizienz e_n eines parallelen Algorithmus ist definiert als der Quotient aus der Beschleunigung s_n und der Anzahl der verwendeten Prozessoren n:

$$e_n = \frac{s_n}{n}$$

Ein Algorithmus, dessen parallele Ausführung auf sechs Prozessoren nur ein Viertel so lange dauert wie die sequenzielle, käme so auf eine Beschleunigung von $s_6 = 4$. Die Effizienz betrüge allerdings nur $e_6 = \frac{4}{6} = 0,\overline{6}$. Ein idealer paralleler Algorithmus, der die zusätzlichen Prozessoren voll ausnutzte und dessen Beschleunigung linear in der Anzahl der genutzten Prozessoren wäre, hätte eine Effizienz von 1. Dennoch stellt eine Beschleunigung von n bei n benutzten Prozessoren nicht die Obergrenze dar. In seltenen Fällen kann eine „superlineare Beschleunigung" auftreten, bei der eine Anwendung um einen Faktor größer als n beschleunigt wird. Dieser Effekt läßt sich durch Cache-Speichereffekte erklären: Mit der Anzahl der Prozessoren steigt in modernen Computerarchitekturen auch die Gesamtgröße des vorhandenen Cache-Speichers, so dass mehr Daten im Cache gehalten werden können, was die Speicherzugriffszeiten reduziert. Threads können davon profitieren, dass ihre Mitläufer bereits Daten in den Cache geladen haben, auf denen sie nun unmittelbar ihre Berechnungen ausführen können. Dadurch kann die Ausführung schneller erfolgen als ohne diese „Vorarbeit" der anderen Threads [9].

1.2.4 Das Amdahl'sche Gesetz

Bereits im Jahre 1967 hat sich Gene Amdahl Gedanken zu den Grundlagen parallelen Rechnens gemacht [2]. Er stellte fest, dass der von Multiprozessorarchitekturen benötigte Mehraufwand zur Verwaltung der Daten die mögliche Beschleunigung eines parallelen Algorithmus nach oben beschränkt. Darüber hinaus sei dieser Mehraufwand grundsätzlich sequenzieller Natur und damit selbst nicht parallelisierbar. Er schloss daraus, dass eine Steigerung der Leistung paralleler Rechner nur möglich sei, wenn die Leistung sequenzieller Berechnungen im gleichen Maß mitwachsen würde.

Das nach ihm benannte Amdahl'sche Gesetz beschränkt die theoretisch mögliche Beschleunigung eines parallelen

Algorithmus durch die im Code verbleibenden seriellen Anteile nach oben. Sei σ der (unveränderliche) Anteil der seriellen Berechnungen im Programmcode. Die serielle auf 1 normierte Ausführungszeit t_1 lässt sich beschreiben als die Summe der Zeitanteile für die sequenzielle Ausführung des sequenziellen Programmcodes σ und des parallelen Programmcodes $(1 - \sigma)$:

$$t_1 = 1 = \sigma + (1 - \sigma)$$

Für die parallele Ausführung auf n Prozessoren bleibt der sequenzielle Anteil σ unverändert, während der parallele Anteil $(1 - \sigma)$ auf n Prozessoren verteilt wird:

$$t_n = \sigma + \frac{(1 - \sigma)}{n}$$

Damit gilt nach Amdahl für die maximale Beschleunigung (unter Vernachlässigung des Parallelisierungsmehraufwandes):

$$s_{max,n} = \frac{1}{\sigma + \frac{1-\sigma}{n}}$$

und damit für $n \to \infty$

$$s_{max,n} \leq s_{max} = \frac{1}{\sigma},$$

da $\frac{1}{a+b} \leq \frac{1}{a}$ bzw. $\frac{1}{a+b} \leq \frac{1}{b}$ für $a, b \geq 0$ gilt. Die maximal erreichbare Beschleunigung ist also unabhängig von der Anzahl der zum Einsatz kommenden Prozessoren durch $\frac{1}{\sigma}$ nach oben beschränkt. Werden beispielsweise 10% eines Programms sequenziell ausgeführt (also $\sigma = 0,1$), besagt das Amdahl'sche Gesetz, dass die maximal mögliche Beschleunigung $\frac{1}{\sigma} = 10$ beträgt. Abbildung 1.1 zeigt die durch das Amdahl'sche Gesetz vorhergesagte maximal mögliche Beschleunigung $s_{max,n}$ als Funktion der Anzahl der zum Einsatz kommenden Prozessoren in Abhängigkeit von verschiedenen sequenziellen Codeanteilen σ an.

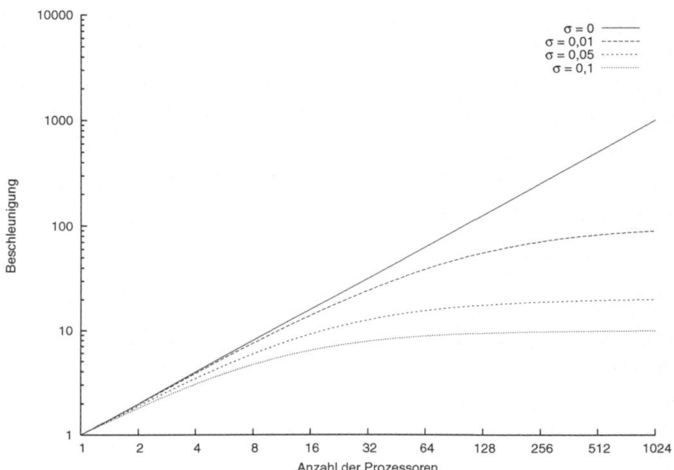

Abb. 1.1. Maximal mögliche Beschleunigung $s_{max,n}$ nach Amdahls Gesetz mit zunehmender Anzahl verwendeter Prozessoren bei verschiedenen sequenziellen Codeanteilen σ. Die Diagonale zeigt den Idealfall $\sigma = 0$, in dem der Code komplett parallelisiert ist.

1.2.5 Eine andere Sichtweise – das Gustafson'sche Gesetz

Das Amdahl'sche Gesetz bringt also eine grundlegende Skepsis gegenüber den Möglichkeiten paralleler Systeme zum Ausdruck. Es vernachlässigt allerdings, dass mit wachsender zur Verfügung stehender Rechenleistung meist auch die zu lösenden Aufgaben wachsen: Höchstens zu Forschungszwecken lässt man ein Problem gegebener Größe auf verschieden vielen Prozessoren lösen, um die Ergebnisse und Laufzeiten zu vergleichen. In realen Applikationen würde man stattdessen mit mehr verfügbaren Prozessoren versuchen, ein größeres Problem zu lösen bzw. die Lösung ge-

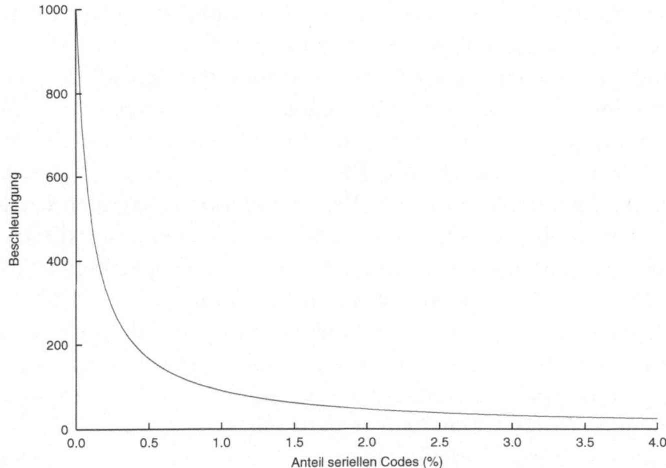

Abb. 1.2. $s_{max,n}$ nach Amdahl für ein System mit 1024 parallelen Prozessoren bei zunehmendem σ.

nauer zu bestimmen. John Gustafson und seine Kollegen stellten 1988 bei Experimenten mit einem System mit 1024 Prozessoren fest, dass die gemessenen Beschleunigungen im Widerspruch zu den Vorhersagen des Amdahl'schen Gesetzes standen [5]. Abbildung 1.2 zeigt die laut dem Amdahl'schen Gesetz mögliche Beschleunigung eines Systems mit 1024 parallel arbeitenden Prozessoren bei zunehmendem σ. Wie man sieht, fällt die Kurve sehr steil ab. Nur wenige parallele Programme mit einem sehr niedrigen sequenziellen Codeanteil wären überhaupt in der Lage, eine Beschleunigung von über 100 zu erreichen. Bereits bei einem sequenziellen Anteil von nur 4% betrüge die maximal mögliche Beschleunigung des Systems nur 24! Gustafsons Messergebnisse für verschiedene physikalische Simulationsprogramme mit einem sequenziellen Anteil $\sigma \in [0,04; 0,08]$ auf diesem System zeigten jedoch eine Beschleunigung um 1020, also linear in der Größenordnung der Anzahl der verwendeten Prozessoren. Gustafson schloß daraus, dass die Annahme, $1 - \sigma$ sei konstant und unabhängig von n, zurückzuweisen sei. Da die Benutzer eines solchen Systems genaue Kontrolle über die Parameter des verwendeten Algorithmus hätten und diese so wählen könnten, dass die Berechnungen innerhalb eines vorgegebenen Zeitfensters abgeschlossen wären, sei also vielmehr die Laufzeit und nicht die Problemgröße als konstant anzunehmen. Verdoppele man die Zahl der Freiheitsgrade einer physikalischen Simulation, verdoppele man auch die Anzahl der zum Einsatz kommenden Prozessoren. Der sequenzielle Mehraufwand für das Laden des Programmes, Ein- und Ausgabe und nur seriell durchlaufbare Engpässe dagegen bliebe konstant. Gustafson drehte die Fragestellung daher um: Wie lange benötigt ein paralleles Programm in serieller Ausführung auf einem Prozessor? Sei mit t_p und t_s die mit paralleler bzw. serieller Berechnung verbrachte Laufzeit bezeichnet, dann gilt für die Laufzeit auf einem einzigen Prozessor:

$$t_1 = t_s + n \cdot t_p$$

Für die Beschleunigung folgt demnach:

$$s_n = \frac{t_1}{t_n} = \frac{t_s + n \cdot t_p}{t_s + t_p} = \frac{t_s + t_p + n \cdot t_p - t_p}{t_s + t_p}$$

$$= 1 + \frac{n \cdot t_p - t_p}{t_s + t_p} = 1 + (n - 1)\frac{t_p}{t_s + t_p} \equiv 1 + (n - 1)\beta$$

Unter der Annahme, dass t_s mit zunehmender Problemgröße immer kleiner wird (bzw. der perfekt parallelisierbare Anteil streng monoton mit der Problemgröße wächst), nähert sich die Beschleunigung s_n der Anzahl der parallel verwendeten Prozessoren n an: $\lim_{t_s \to 0} s_n = n$ (Abbildung 1.3). Die Vorhersagen für die Skalierbarkeit paralleler

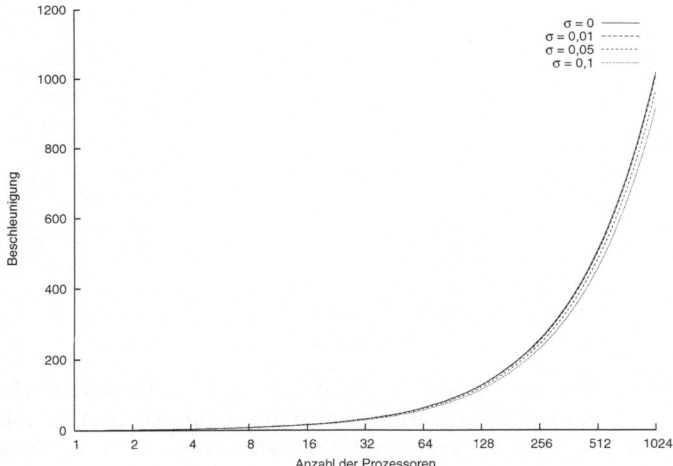

Abb. 1.3. Maximal mögliche Beschleunigung $s_{max,n}$ nach Gustafsons Gesetz mit zunehmender Anzahl verwendeter Prozessoren bei verschiedenen sequenziellen Codeanteilen σ.

Systeme durch das Gustafson'sche Gesetz fallen bedeutend positiver aus, wie der Graph in Abbildung 1.4 zeigt. Statt wie im Falle des Amdahl'schen Gesetzes mit steigendem seriellen Anteil sehr schnell gegen 1 zu konvergieren, fällt die maximal mögliche Beschleunigung nur sehr langsam ab. Für ein 1024-Prozessor-System und einem seriellen Anteil von 4% beispielsweise beträgt die vorhergesagte maximal mögliche Beschleunigung $s_{max,1024} = 983$.

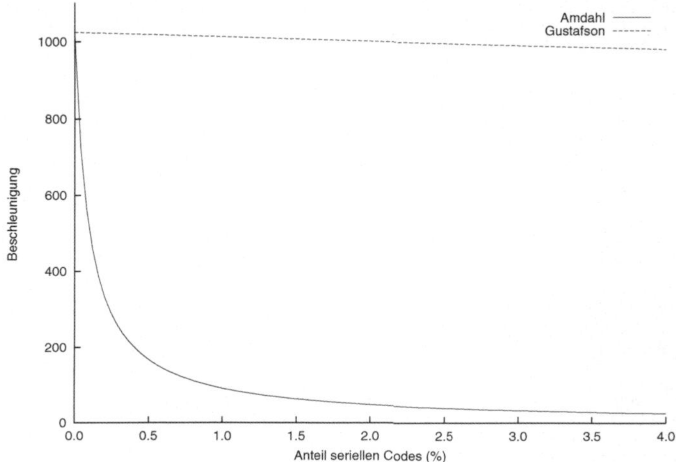

Abb. 1.4. Die durch das Amdahl'sche bzw. Gustafson'sche Gesetz vorhergesagten Beschleunigungen für ein System mit 1024 parallelen Prozessoren bei zunehmendem σ im direkten Vergleich.

Und wer hat nun Recht?

Yuan Shi argumentiert, dass beide Gesetze letztlich mathematisch äquivalent seien und die Unterschiede von Missverständnissen (insbesondere, was die Definition des „sequenziellen Anteils" angeht) und oft vernachlässigten Vorbedingungen für ihre Gültigkeit und Anwendbarkeit herrühren [32].

In der Praxis liegt die Wahrheit wie so oft irgendwo dazwischen. Es lassen sich Anwendungen finden, für die Amdahls Gesetz gilt und die nicht skalierbar sind. Umgekehrt existieren anscheinend perfekt skalierbare Anwendungen, für die das Gustafson'sche Gesetz gilt. Es ist einerseits unerlässlich, sich *vor* der Umsetzung der Parallelisierung darüber Gedanken zu machen, ob denn eine parallele Version eines gegebenen Algorithmus unter den oben genannten Einschränkungen durch sequenzielle Codebestandteile überhaupt skalieren kann. Andererseits lässt sich die tatsächliche erreichte Leistung oft erst im Betrieb feststellen und optimieren. Die verwendete Hardware-Architektur, Cachegrößen, Speichertopologie und viele weitere Faktoren beeinflussen die erreichbare Beschleunigung entscheidend.

2

Das OpenMP-Ausführungsmodell

In OpenMP basiert die parallele Ausführung von Programmcode durch Threads auf dem *Fork/Join* - Ausführungsmodell. Zu Beginn ist in jedem OpenMP-Programm nur ein Thread aktiv, der sogenannte *Master Thread*. Trifft dieser während der Programmausführung auf eine `#pragma omp parallel`-Direktive, mit der der Einstieg in einen *parallelen Abschnitt* markiert ist, so gabelt sich die Ausführung in mehrere Threads auf (engl. *fork*). Am Ende des parallelen Abschnitts wird die Ausführung wieder zusammengeführt (engl. *join*). Die in einem parallelen Abschnitt aktiven Threads werden zusammengefasst als Thread-Team oder *team of threads* bezeichnet. Abbildung 2.1 zeigt das Fork-Join-Prinzip.

Am Ende eines parallelen Abschnitts und auch aller Arbeit aufteilenden Direktiven (siehe Abschnitt 2.2) steht eine implizite *Barriere*. Barrieren sind Synchronisationsmechanismen, die dafür sorgen, dass alle im vorhergehenden Abschnitt parallel arbeitenden Threads an diesem Punkt aufeinander warten müssen, bis auch der letzte Thread seine Berechnungen abgeschlossen hat. Diese Synchronisation ist

```
#pragma omp parallel
{

    // ...

}
```

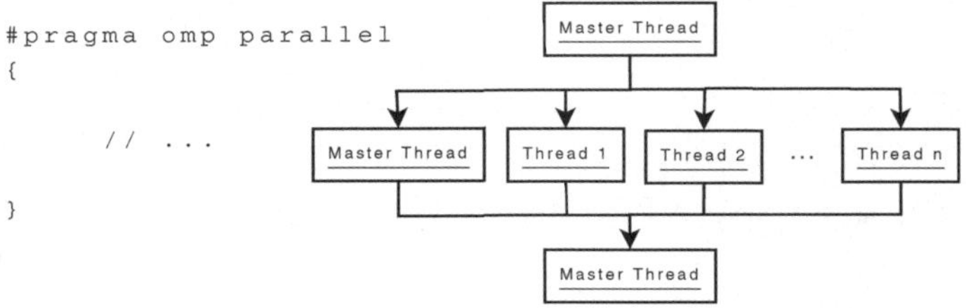

Abb. 2.1. OpenMP arbeitet nach dem Fork-Join-Ausführungsmodell.

notwendig, damit die Semantik des nun wieder in die serielle Ausführung übergehenden Programms erhalten bleibt, hat jedoch Auswirkungen auf die Leistung und Skalierbarkeit desselben: Der parallele Codeabschnitt kann von einem Thread-Team nur so schnell wie durch das langsamste der Teammitglieder ausgeführt werden, auf das die schnelleren Threads warten müssen.

Es ist der konkreten OpenMP-Implementierung im Compiler überlassen, von welchem Typ die gestarteten Threads in einem Team sind. Eine Implementierung könnte sie als vollwertige Prozesse mit *Shared Memory* realisieren, eine andere dagegen durch leichtgewichtige Threads beispielsweise auf Basis der Pthreads-Bibliothek. Im Sinne von OpenMP ist ein Thread einfach ein Kontrollfluss, der zusammen mit anderen im gemeinsam genutzten Adressraum des ursprünglich sequentiellen Programms ausgeführt wird und Zugriff auf alle in ihm enthaltenen Variablen hat.

2.1 Hallo Welt!

Ein ungeschriebenes Gesetz der Informatik verlangt, dass alle Bücher über Programmiersprachen mit dem obligatorischen „Hallo Welt!"-Beispiel zu beginnen haben. Auch dieses Buch bildet hier keine Ausnahme. Listing 2.1 zeigt ein C-Programm, das unter Verwendung von OpenMP zunächst die Anzahl der im System vorhandenen Prozessoren ermittelt und danach für eine Anzahl von Threads jeweils deren Kennnummer ausgibt. Dabei finden Elemente aller drei Bestandteile von OpenMP – Compileranweisungen, Bibliotheksfunktionen und Umgebungsvariablen – bereits in diesem einfachen Beispiel Anwendung.

Listing 2.1. Hallo, Welt!

```
 3  #include <stdio.h>
 4  #ifdef _OPENMP
 5  #include <omp.h>
 6  #endif
 7
 8  int main(int argc, char* argv[])
 9  {
10  #ifdef _OPENMP
11    printf("Anzahl Prozessoren: %d\n",
          omp_get_num_procs());
12  #pragma omp parallel
13    {
14      printf("Thread %d von %d sagt \"Hallo
          Welt!\"\n", omp_get_thread_num(),
          omp_get_num_threads());
15    }
16  #else
17    printf("OpenMP wird nicht unterstützt.\n");
18  #endif
19
20    printf("Fertig.\n");
21
22    return 0;
23  }
```

Führt man das Programm nach erfolgreicher Compilierung mit einem OpenMP-fähigen Compiler und aktivierter OpenMP-Option aus, so könnte die Ausgabe auf einem System mit vier Prozessoren etwa wie folgt aussehen:

```
Anzahl Prozessoren: 4
Thread 0 von 4 sagt "Hallo Welt!"
Thread 2 von 4 sagt "Hallo Welt!"
Thread 3 von 4 sagt "Hallo Welt!"
Thread 1 von 4 sagt "Hallo Welt!"
Fertig.
```

Eine sehr wichtige Beobachtung an dieser Stelle ist, dass die tatsächliche Reihenfolge, in der die Threads auf die Ausgabe schreiben, bei jeder Programmausführung anders lauten kann. Jede mögliche Permutation der Zeilenausgabe kann auftreten, da sich nicht vorhersagen lässt, in welchem zeitlichen Verhältnis zueinander die Threads ausgeführt werden. Man sagt, die Threads sind untereinander nicht *synchronisiert*.

Im obigen Programm konkurrieren mehrere Threads gleichzeitig um eine gemeinsam genutzte Resource, die Standardausgabe. Für die Funktion `printf()` der C-Laufzeitumgebung gilt üblicherweise, dass sie ohne Unterbrechung durch Aufrufe dergleichen Funktion in anderen Threads desselben Prozesses ausgeführt wird, auch wenn dies von keinem Standard explizit gefordert wird. Daher erhielt man in dem Beispiel 2.1 eine wohlgeformte Ausgabe, denn jeder Thread gab eine komplette Zeile mit nur einer einzelnen `printf()`-Anweisung aus. Wäre pro Thread die Ausgabe einer Zeile auf mehrere `printf()` wie in Listing 2.2 verteilt worden, so könnte die Ausgabe auch folgende Form annehmen:

```
Anzahl Prozessoren: 4
Thread Thread Thread Thread 0312 von  von
   von  von 4444 sagt "Hallo, Welt!" sag
```

```
t "Hallo, Welt!" sagt "Hallo, Welt!" sagt "
    Hallo, Welt!"


Fertig.
```

Listing 2.2. Hallo, Welt! - Version 2

```c
#include <stdio.h>
#include <omp.h>

int main(int argc, char* argv[])
{
  printf("Anzahl Prozessoren: %d\n",
      omp_get_num_procs());
  {
    printf("Thread ";
    printf("%d", omp_get_thread_num());
    printf(" von ");
    printf("%d", omp_get_num_threads());
    printf("sagt \"Hallo Welt!\"");
    printf("\n");
  }
  printf("Fertig.\n");
  return 0;
}
```

Gleiches gilt für die C++-Klassen der `iostream`-Bibliothek. Zwar erscheinen alle auszugebenden Zeichen auf der Standardausgabe, jedoch können die Aufrufe in verschiedenen parallel ausgeführten Schleifendurchläufen ohne Rücksicht auf die anderen ihre Zeichen nach `cout` schreiben, was zu obigem unschönen Ergebnis führen kann. Insbesondere ist zu beachten, dass eine einzelne Ausgabezeile mittels `cout` aus vielen Funktionsaufrufen besteht. Jede Verwendung des Ausgabeoperators << zieht einen Funktionsaufruf

nach sich. Selbst die atomare Ausführung des Operators
<< wird gewöhnlich das Problem nicht beseitigen. Abhilfe schafft in diesem Fall eine Synchronisation der Threads untereinander. Techniken hierzu werden in Kapitel 4 behandelt.

Wieviele Threads werden nun im obigen Beispiel genau gestartet? Ohne weitere Angaben für den Compiler, die in Kapitel 3.4 vorgestellt werden, ist dies der konkreten OpenMP-Implementierung überlassen; im vorliegenden Beispiel entspricht sie der Anzahl der vorhandenen Prozessoren.

2.2 Arbeit aufteilende Direktiven

OpenMP bietet dem Programmierer nun folgende Möglichkeiten, die innerhalb eines parallelen Abschnitts auszuführenden Berechnungen auf die Threads eines Teams aufzuteilen[1]:

- **Parallelisierung von Schleifen**. Für diese Aufgabe wurde OpenMP ursprünglich entwickelt, und hierin liegt daher bis heute die große Stärke von OpenMP. Kapitel 3 widmet sich diesem Thema ausführlich.
- **Parallele statische Abschnitte**. Eine Menge voneinander unabhängiger Codeblöcke wird auf die Threads eines Teams aufgeteilt und von diesen nichtiterativ parallel ausgeführt. Parallele Aufgaben werden in Kapitel 5 behandelt.
- **Parallele Aufgaben**. Der in Vorbereitung befindliche OpenMP-Standard 3.0 [28] sieht die Erweiterung der API um das Konzept paralleler Aufgaben, sogenannter

---

[1] Für Fortran existiert in OpenMP darüber hinaus das Konstrukt `workshare`, das hier nicht weiter behandelt wird.

Tasks, vor. Der Intel-Compiler (siehe Abschnitt 1.1.1)
implementiert bereits in seiner aktuellen Version eine
über den Standard 2.5 hinausgehende Variante dieses
Konzepts. Dies ist das Thema von Kapitel 6.

- **Ausdrücklich nichtparallele Ausführung**. Innerhalb eines parallelen Abschnitts möchte man einzelne Codeabschnitte manchmal gerade nicht von allen
  Threads im Team parallel, sondern seriell durch einen
  einzigen Thread ausführen lassen (siehe Seite 82).

Arbeit aufteilende Direktiven starten selbst keine neuen
Threads, sondern teilen die anfallende Arbeit auf das Team
von Threads auf, das den umgebenden parallelen Abschnitt
ausführt. Am Ende des Gültigkeitsbereichs aller Arbeit auf-
teilender Direktiven steht, ähnlich zum Ende von parallelen
Abschnitten, eine implizite Barriere, an der alle Threads
aus einem Team aufeinander warten.

2.3 Fehlerbehandlung in OpenMP

Tritt bei der Benutzung von OpenMP-Direktiven ein Fehler
auf, brechen aktuelle OpenMP-Implementierungen mit einem Laufzeitfehler ab. Für viele kritische Situationen, wenn
z. B. für einen parallelen Abschnitt keine neuen Threads
gestartet oder für einen kritischen Abschnitt die Synchronisierung nicht sichergestellt werden kann, ist das Verhalten von OpenMP laut Standard undefiniert. Zwar gibt es
Bestrebungen, eine explizite Fehlerbehandlung in OpenMP
einzubauen [11]. Wenn für die zu parallelisierende Anwendung Leistung zwar wichtig, Robustheit und Verlässlich-
keit jedoch noch wichtiger sind – beispielsweise für einen
Webserver – ist OpenMP in seiner aktuellen Form möglicherweise nicht die richtige Wahl.

3

Parallelisierung von Schleifen

Historisch gesehen liegen die Wurzeln von OpenMP im Bereich High Performance Computing, wo Programmcode oft viele Schleifen enthält, in denen auf gemeinsam genutzte Daten zugegriffen wird. Bei der Parallelisierung solcher Schleifen kann OpenMP seine Stärken am besten ausspielen. In diesem Kapitel wird daher auf dieses Haupteinsatzgebiet von OpenMP ausführlich eingegangen. Darüber hinaus werden auch Konzepte und Sprachkonstrukte vorgestellt, die grundlegend für die nachfolgenden Kapitel sind.

3.1 Parallelität auf Schleifenebene

Die parallele Ausführung von Schleifen in OpenMP lässt sich im Sinne der Flynn'schen Klassifikation als SPMD (single program multiple data), einem Sonderfall von MIMD (siehe Abschnitt 1.2.2), beschreiben: Jeder Thread führt den in der Schleife enthaltenen Code aus, aber jeder für eine andere Teilmenge von Iterationen und damit auf anderen Daten. Listing 3.1 zeigt eine einfache sequentielle Im-

Listing 3.1. SAXPY: $\mathbf{y} = \alpha \cdot \mathbf{x} + \mathbf{y}$

```
void saxpy(const float a, const vector<float
   >& x, vector<float>& y)
{
  assert(x.size() == y.size());
  for(unsigned int i = 0; i < x.size(); ++i)
  {
    y[i] += a * x[i];
  }
}
```

plementierung einer SAXPY-Operation (engl. *scalar alpha x plus y* oder *single-precision alpha x plus y*), einer Kombination aus skalarer Multiplikation und Vektoraddition. Für zwei Vektoren $\mathbf{x}$ und $\mathbf{y}$ gleicher Größe und eine Gleitkommazahl α einfacher Genauigkeit wird $\mathbf{y} = \alpha{\cdot}\mathbf{x}+\mathbf{y}$ berechnet.

Die **for**-Schleife in Listing 3.1 weist keine *Abhängigkeiten* auf: Das Ergebnis der Berechnungen in einer Iteration ist unabhängig von Ergebnissen jeder anderen Iteration. Zwei Schleifendurchläufe könnten also problemlos von zwei unterschiedlichen Threads parallel abgearbeitet werden. Die Verwendung eines parallelen Abschnitts allein reicht hier jedoch nicht aus, wie das folgende Codebeispiel zeigt:

Listing 3.2. Paralleles SAXPY: So nicht!

```
void saxpyWrong(const float a, const vector<
   float>& x, vector<float>& y)
{
  assert(x.size() == y.size());
#pragma omp parallel
  {
```

```
for(unsigned int i = 0; i < x.size(); ++i
    )
{
  y[i] += a * x[i];
}
}
}
```

Der Effekt ist nicht der beabsichtigte: Statt dass sich die Threads im Team die Arbeit untereinander aufteilten, führt jeder der Threads die gesamte Berechnung aus! Bei n Threads wird die ganze Schleife also unnötigerweise n-mal ausgeführt. Im besten Fall wird n-mal $a * x[i]$ zu $y[i]$ addiert. Hinzu kommen mögliche unbeabsichtige Seiteneffekte, da die Threads unsynchronisiert auf die gemeinsam genutzten Vektoren zugreifen und es so zu einer Wettlaufsituation (engl. *Race Condition*) kommen kann (siehe hierzu auch Kapitel 1.2.1). Dies ist z. B. dann der Fall, wenn zwei parallele Threads den gleichen Wert für die Schleifenvariable i zur Zeit bearbeiten, den Wert von $y[i]$ jeweils gelesen haben und davor stehen, den neuen Wert von $y[i]$ zu schreiben. Beide Threads arbeiten in diesem Fall mit dem alten Wert von $y[i]$. Die Änderung durch den Thread, der zuerst seinen neuen, um $a * x[i]$ erhöhten Wert nach $y[i]$ schreibt, wird durch den nachfolgenden Thread überschrieben. Die Änderung von $y[i]$ durch den ersten Thread geht also verloren.

Vielmehr benötigt man für dieses Programm das Arbeit aufteilende Pragma `#pragma omp for`, um dem Compiler mitzuteilen, die Schleifendurchläufe auf mehrere Threads innerhalb des Teams, das den parallelen Abschnitt ausführt, aufzuteilen, wie in Listing 3.3 gezeigt.

Listing 3.3. SAXPY mit `#pragma omp for` parallelisiert

```
void saxpyParallel(const float a, const
    vector<float>& x, vector<float>& y)
{
  assert(x.size() == y.size());
#pragma omp parallel
  {
#pragma omp for
    for(int i = 0; i < x.size(); ++i)
    {
      y[i] += a * x[i];
    }
  }
}
```

Hierbei fällt auf, dass die Schleifenvariable `i` nun vom Typ `int` und nicht mehr wie in Listing 3.1 vom Typ `unsigned int` ist. Dies liegt an der Beschränkung, dass Zählvariablen zu parallelisierender `for`-Schleifen vorzeichenbehaftete ganze Zahlen – in C/C++ also vom Typ `int` – sein müssen[1]. Der Compiler mahnt die Verwendung des falschen Typs an. Damit eine `for`-Schleife parallelisiert werden kann, fordert OpenMP, dass eine Schleife

```
for(index = startwert; index op endwert;
    inkrement)
        Anweisung
```

in *kanonischer Form* vorliegt. Hierzu müssen folgende Bedingungen erfüllt sein:

- Die Anzahl der Schleifendurchläufe muss vor dem Eintritt in die Schleife basierend auf der Ober- und Untergrenze des Werts der Zählvariablen `index` und der

---

[1] Ab OpenMP 3.0 werden auch vorzeichenfreie ganze Zahlen erlaubt sein.

Schrittweite aus `inkrement` berechenbar sein und darf sich innerhalb des Schleifenkörpers auch nicht ändern. Dies hat Auswirkungen darauf, welche Konstrukte, die den Kontrollfluss innerhalb des Programms verändern könnten, innerhalb der Schleife erlaubt sind. Weder darf die Zählvariable innerhalb der Schleife verändert werden, noch darf die Schleife vorzeitig durch eine `break`-Anweisung verlassen werden. Die Schleife darf also nur einen Eintrittspunkt an ihrem Anfang und einen Ausgangspunkt an ihrem Ende aufweisen. Mittels `continue` vorzeitig zur nächsten Iteration überzugehen oder das gesamte Programm mit `exit` zu verlassen, ist dagegen gestattet. Ein Thread in einem C++-Programm darf nur dann mit `throw` innerhalb der Schleife eine Ausnahme werfen, solange diese auch durch einen `try`-Block innerhalb der Schleife vom selben Thread wieder abgefangen wird; die Ausnahme kann nicht erst außerhalb der Schleife abgefangen werden.

- Als Vergleichsoperator `op` innerhalb des Booleschen Ausdrucks `index op test` sind nur <, <=, > und >= erlaubt.

- `startwert` und `endwert` können beliebige numerische Ausdrücke sein, solange sich deren Wert während der Schleifenausführung nicht ändert.

- `inkrement` muss den Wert der Zählvariablen in jedem Schleifendurchlauf um denselben Wert verändern und darf dabei nur die Operatoren ++, −−, +=, -= und = verwenden. Multiplikation oder Division, auch auf der rechten Seite einer Zuweisung mit = (wie etwa `index = index * 2`), sind nicht erlaubt.

Am Ende einer parallelisierten Schleife steht eine implizite Barriere, an der alle Threads aufeinander warten, bevor sie mit der Ausführung des restlichen Codes im parallelen Abschnitt fortfahren. Möchte man diese implizite Synchronisierung deaktivieren, so muss an `#pragma omp for` die Klausel **nowait** angehängt werden (siehe Abschnitt 3.7). Sie sorgt dafür, dass die Threads nicht am impliziten Synchronisationspunkt aufeinander warten, sondern ihre Berechnungen fortsetzen.

Bleibt noch anzumerken, dass die Direktiven `#pragma omp parallel` und `#pragma omp for` zu einer einzigen Direktive `#pragma omp parallel for` zusammengefasst werden können, wenn – wie im SAXPY-Beispiel – in einem parallelen Abschnitt nur eine einzelne Schleife parallelisiert werden soll. `for` stellt in diesem Fall keine Klausel für `#pragma omp parallel` dar. Vielmehr handelt es sich um ein eigenständiges Pragma, an das sowohl die für die Direktiven **parallel** als auch **for** gültigen Klauseln, von denen in den kommenden Abschnitten die Rede sein wird, angehängt werden können, solange deren Zuordnung zu einer der Direktiven eindeutig ist. Listing 3.4 zeigt das Resultat.

Listing 3.4. SAXPY mit `#pragma omp parallel for` parallelisiert

```
void saxpyParallelFor(const float a, const
    vector<float>& x, vector<float>& y)
{
  assert(x.size() == y.size());
#pragma omp parallel for
  for(int i = 0; i < x.size(); ++i)
  {
    y[i] += a * x[i];
  }
}
```

3.2 Zugriff auf Variablen und Kommunikation zwischen Threads

Die Threads eines Teams werden in einem gemeinsam genutzten Adressraum ausgeführt. Im obigen SAXPY-Beispiel konnten alle Threads auf alle Variablen im parallelen Codeabschnitt zugreifen. Dies vereinfacht die Kommunikation zwischen den Threads erheblich: Um Daten an andere Threads zu senden, schreibt ein Thread die zu übertragenden Werte in gemeinsam genutzte Variablen, von wo aus sie von anderen Threads eingelesen werden können. Für manche Variablen ist dieses Verhalten jedoch unerwünscht. OpenMP ermöglicht es daher, sogenannte *private* Variablen exklusiv einem Thread zuzuordnen und ihren Gültigkeitsbereich auf diesen zu beschränken. Die in diesem Abschnitt vorgestellten Datenzugriffsklauseln, die über den Gültigkeitsbereich von Variablen entscheiden, sind im Einzelnen:

- `shared` und `private`:
  Sie markieren eine Variable ausdrücklich als von allen Threads gemeinsam oder von einem Thread privat genutzt.

- `firstprivate` und `lastprivate`:
  Der Inhalt privater Variablen ist beim Eintritt und beim Verlassen ihres Gültigkeitsbereichs undefiniert. Die Klauseln `firstprivate` und `lastprivate` erlauben eine Initialisierung bzw. Finalisierung ihrer Werte.

- `default`:
  Wie im SAXPY-Beispiel gesehen, werden Variablen, die nicht ausdrücklich mit einer `shared`- bzw. `private`-Klausel aufgeführt werden, gemeinsam von allen Threads genutzt. Mit der Klausel `default` kann dieses Standardverhalten verändert werden.

- `reduction`:
  Die `reduction`-Klausel schließlich kennzeichnet spezielle gemeinsam genutzte Variablen, in denen mehrere Threads Werte akkumulieren können.

Bevor wir uns den Details zuwenden, ein Wort zur verwendeten Terminologie: Im Kontext von OpenMP-Threads ist der *Gültigkeitsbereich* jeder Variablen entweder `shared` oder `private`. Hiervon zu unterscheiden ist der Gültigkeitsbereich einer Variablen wie „lokal" oder „global" im Sinne der verwendeten Programmiersprache C bzw. C++ . Wenn nicht aus dem Kontext ersichtlich, wird letzterer im Folgenden ausdrücklich als „lexikalischer Gültigkeitsbereich" bezeichnet.

Die Datenzugriffsklauseln einer Direktive selbst gelten nur innerhalb des lexikalischen Gültigkeitsbereichs des Codeblocks, der zur Direktive gehört; dieser wird auch als *lexikalischer Umfang* der Direktive bezeichnet. Er ist eine Untermenge des größeren *dynamischen Umfangs* der Direktive, der auch den Code der innerhalb des lexikalischen Umfangs aufgerufenen Funktionen umfasst. Für Referenzen auf Variablen im lexikalischen Umfang der Direktive gelten die Datenzugriffsklauseln der Direktive; für Referenzen auf Variablen die nur im dynamischen, nicht aber im lexikalischen Umfang der Direktive enthalten sind, gelten die Datenzugriffsklauseln der Direktive nicht.

Die Syntax einer Datenzugriffsklausel besteht aus dem Namen der Klausel und einer in runden Klammern stehenden Liste durch Kommata getrennter Variablennamen:

```
<Klausel> ([Variable [, Variable]... ])
```

Grundsätzlich ist jede Art von Variable in einer Datenzugriffsklausel erlaubt (auch automatische oder globale Variablen). Es sind jedoch einige Einschränkungen zu beachten:

Listing 3.5. Datenzugriffsklausel bei einer statischen Elementvariablen einer Klasse in C++.

```
class ClassWithStaticMembers {
    // ...
    static int n;
    // ...
};
// ...
#pragma omp parallel for
    shared(ClassWithStaticMembers::n)
// ...
```

1. Die Deklaration der Variable (d. h., ihr lexikalischer
   Gültigkeitsbereich) muss die Direktive, in deren Klauseln sie auftaucht, vollständig umfassen.
2. Eine Datenzugriffsklausel kann sich nicht auf einzelne Bestandteile von Objekten beziehen, sondern immer nur auf das Objekt in seiner Gesamtheit. Datenzugriffsklauseln können also Variablen enthalten, die
   Strukturen- oder Klassentypen sind. In diesem Fall wird
   der Zugriff für alle Felder der Struktur oder der Klasse gleich geregelt, nicht aber nur auf einzelne Attribute
   solcher Variablen.
3. Eine Ausnahme bilden statische Elementvariablen einer
   Klasse in C++, die – voll qualifiziert – in Datenzugriffsklauseln stehen dürfen, wie Listing 3.5 zeigt.
4. Auf eine Direktive dürfen mehrere **private**- und **shared**-
   Klauseln folgen, eine gegebene Variable darf jedoch immer nur in höchstens einer dieser Klauseln auftauchen.
   Eine Variable kann nicht gleichzeitig gemeinsam und
   privat genutzt werden.

3.2.1 Gemeinsam und privat genutzte Variablen

Auf welche Daten gemeinsam und auf welche privat zugegriffen werden kann, hat großen Einfluss auf die Leistung wie auch auf die Korrektheit eines parallelen Programms. Wie die bislang vorgestellten Konzepte in der Praxis umgesetzt werden können, zeigt folgender Algorithmus zur Berechnung von π [22]:
Ausgehend von dem Hauptsatz der Integralrechnung:

$$\int_a^b f(x)dx = F(x)\big|_a^b = F(b) - F(a)$$

mit

$$F'(x) = f(x)$$

gilt mit $F(x) := \arctan(x)$

$$F(b = 1) = \arctan(1) = \frac{\pi}{4}$$

$$F(a = 0) = \arctan(0) = 0$$

und

$$f(x) = \arctan'(x) = (1 + x^2)^{-1}.$$

Durch Einsetzen ergibt sich:

$$\int_0^1 f(x)dx = F(x)\big|_0^1 = F(1) - F(0) = F(1) = \frac{\pi}{4}$$

Daraus lässt sich nun durch numerische Integration ein iteratives Verfahren zur Berechnung von π formulieren, das sich in Listing 3.6 als C-Programm wiederfindet:

$$\pi = 4\int_0^1 \arctan'(x)dx \approx 4\sum_{i=1}^n \arctan'(x)\Delta x$$

Listing 3.6. Berechnung von π.

```
const double delta_x = 1.0 / num_iter;
double sum = 0.0, x;
int i;

for(i = 1; i <= num_iter; ++i)
{
  x = delta_x * (i - 0.5);
  sum += 4.0 / (1.0 + x * x);
}

return delta_x * sum;
```

$$= \Delta x \sum_{i=1}^{n} 4 \arctan'(x)$$

mit

$$\Delta x = 1/n$$

und

$$x = (i - 0.5)\Delta x$$

Die Fläche unter dem Graphen von $\arctan'(x)$ wird also durch kleine rechteckige Streifen der Breite Δx und der Höhe gleich der Höhe von $\arctan'(x)$ in der Mitte des rechteckigen Streifens angenähert. Die Genauigkeit der Approximation hängt von der Anzahl der Iterationen ab. So liefern etwa 100 Millionen Iterationen ein auf 13 Nachkommastellen genaues Ergebnis.

Offensichtlich liegt die `for`-Schleife in Listing 3.6 in kanonischer Form vor und es bestehen keine Abhängigkeiten (s. Kapitel 3.5) zwischen ihren Iterationen. Soll die Arbeit auf mehrere Threads aufgeteilt werden, benötigt jeder Thread eine Möglichkeit zum Zwischenspeichern des

Listing 3.7. Parallele Berechnung von π.

```
27    const double delta_x = 1.0 / num_iter;
28    double sum = 0.0;
29    double x, f_x;
30    int i;
31
32    #pragma omp parallel for private(x, f_x)
         shared(delta_x, sum)
33    for(i = 1; i <= num_iter; ++i)
34    {
35       x = delta_x * (i - 0.5);
36       f_x = 4.0 / (1.0 + x * x);
37
38    #pragma omp critical (cs_sum_f_x)
39       sum += f_x;
40    }
41
42    return delta_x * sum;
```

Werts der Variablen x sowie der Auswertung des Ausdrucks $4.0/(1.0 + x^2)$. Wir führen also eine neue Variable f_x für diesen Ausdruck ein und markieren beide Variablen als **private**. Gleichzeitig muss jeder Thread Zugriff auf den Vorfaktor delta_x und natürlich die Variable, die die zu berechnende Summe sum enthält, erhalten; beide sind demnach gemeinsam genutzte **shared**-Variablen. In Verbindung mit der Direktive **parallel for** entspricht der Code dann dem in Listing 3.7 gezeigten.

Alle Zugriffe auf die beiden gemeinsam genutzten Variablen delta_x und sum durch Threads innerhalb des parallelen Abschnitts erfolgen auf dieselbe Instanz bzw. Speicheradresse im gemeinsamen Adressraum aller Threads im Team. Alle schreibenden Zugriffe verändern den Wert dieser globalen Instanz der Variablen und die anderen Teammitglieder können diesen neuen Wert lesen. Dies birgt natürlich die Gefahr einer Wettlaufsituation, die unbedingt vermieden werden muss. Deswegen wird der Schreibzugriff in Zeile 13 durch einen *kritischen Abschnitt* (engl. *critical section*) geschützt. Die vorhergehende Zeile `#pragma omp critical (cs_sum_f_x)` sorgt dafür, dass der folgende Codeblock – hier die Summenbildung – immer nur von einem Thread aus dem Team gleichzeitig ausgeführt werden kann. Auf diese Art und Weise wird eine Wettlaufsituation vermieden. Die `critical`-Direktive dient also zur Synchronisation von Threads. Die Klausel `(cs_sum_f_x)` gibt dem kritischen Abschnitt einen frei gewählten Namen. Dieses und mehr Synchronisationskonstrukte werden ausführlich in Kapitel 4 behandelt.

Für die beiden als `private` markierten Variablen hingegen legt jeder Thread aus dem Team eine eigene Instanz in einem nur ihm zugänglichen Adressraum an. Die anderen Threads haben auf diese Instanz keinen Zugriff. Referenzen auf als privat ausgewiesene Variablen innerhalb des lexikalischen Umfangs des parallelen Abschnitts führen dazu, dass jeder Thread auf seine eigene, private Kopie der Variablen zugreift. Hieraus ergibt sich unmittelbar, dass die Speicherbereiche der ursprünglichen Variablen im Master Thread und die der privaten Instanzen jedes Threads unterschiedlich sind. Weil dieser Speicher für jede private Instanz beim Eintritt in den parallelen Abschnitt neu allokiert werden muss, ist der Wert aller privaten Variablen zunächst undefiniert. Daraus folgt, dass eine private Variable keinen unvollständigen Typ haben darf, da die Größe des zu allokierenden Speicherbereichs berechenbar sein muss. Auch darf eine private Variable nicht als `const` deklariert sein. Ebenso gilt, dass eine Änderung des Wertes einer privaten Variablen durch den zugehörigen Thread keine Änderung des Werts an der ursprünglichen Speicherstelle nach sich zieht. Demnach sind die Werte als `private` deklarierter Variablen sowohl beim Eintritt als auch beim Verlassen eines parallelen Abschnitts undefiniert.

Es gibt lediglich zwei Ausnahmen von dieser wichtigen Regel. Zunächst einmal fällt auf, dass die Variable `i` in keiner Datenzugriffsklausel vorkommt. Das liegt daran, dass die Zählvariable einer Schleife implizit als `private` angenommen wird. Da jeder Schleifendurchlauf einen eindeutigen Wert der Zählvariablen benötigt, können mehrere Iterationen nicht parallel von mehreren Threads ausgeführt werden und dabei auf dieselbe Speicheradresse für diese Variable zugreifen. Eine gemeinsame Nutzung der Zählvariablen würde mit an Sicherheit grenzender Wahrscheinlichkeit zu falschen Ergebnissen führen. Alle anderen Variablen dagegen werden von OpenMP standardmäßig als `shared` behandelt.

Die zweite Ausnahme bilden Strukturen und Klassen in C++. Taucht eine Instanz eines Struktur- oder Klassentyps in der Liste einer `private`-Klausel auf und besitzt sie einen Konstruktor, so muss der Typ auch einen öffentlich zugänglichen, eindeutigen Standardkonstruktor und einen öffentlich zugänglichen Destruktor implementieren. Diese werden beim Eintritt in den parallelen Abschnitt aufgerufen, wenn der Thread Speicherplatz für seine private Instanz der Variablen anlegt bzw. wenn der parallele Abschnitt wieder verlassen wird und der Speicherplatz wieder freigegeben werden muss. Instanzen solcher Variablen dürfen ausnahmsweise als `const` deklariert sein, sofern sie eine als `mutable` deklarierte Membervariable aufweisen.

Was Zeigervariablen angeht, so erhält jeder Thread (wie von jeder anderen privaten Variablen auch) eine eigene, uninitialisierte Kopie vom selben Typ wie die ursprüngliche Variable – also eine Zeigervariable, deren Wert undefiniert ist. Diese kann während der parallelen Ausführung zum Ablegen beliebiger Speicheradressen verwendet werden. Privat ist jedoch nur die Zeigervariable selbst; der Speicherbereich, auf den gezeigt wird, wird weiterhin gemäß dessen eigenen Datenzugriffsrechten behandelt. Referenzen in C++ dagegen dürfen nicht als `private` deklariert werden.

OpenMP verlangt, dass kein Thread auf den privaten Speicherbereich eines anderen Threads zugreifen darf. Deswegen darf ein Thread nicht die Speicheradresse einer seiner privaten Variablen an einen anderen Thread weitergeben; das Ergebnis wäre undefiniert. Variablen auf dem Heap dagegen liegen immer im gemeinsam genutzten Speicherbereich aller Threads, Zeiger auf Variablen auf dem Heap können daher problemlos über Threads hinweg weitergegeben werden.

3.2.2 Änderung des Standardverhaltens mit `default`

Wie erwähnt werden Variablen, in deren lexikalischem Gültigkeitsbereich ein paralleler Abschnitt liegt, innerhalb dieses parallelen Abschnitts als gemeinsam genutzte Variablen behandelt, wenn sie nicht ausdrücklich in der Variablenliste einer Datenzugriffsklausel auftauchen oder Zählvariablen der parallelen Schleife sind. Die Klausel `default` erlaubt es, dieses Standardverhalten für nicht explizit genannte Variablen zu ändern. Ihre Syntax lautet[2]:

---

[2] Die scheinbar fehlende Option `private` existiert nur für OpenMP in Fortran-Compilern. Der Grund ist die häufige Verwendung der C-Standardbibliothek, in der viele Funktionen als Makros mit Referenzen auf globale Variablen realisiert sind. Diese globalen Variablen als `private` anzunehmen, würde in der überwiegenden Mehrheit der Fälle zu fehlerhaften Ergebnissen führen.

```
default (shared|none)
```

Die Klausel mit der Option **shared** zu verwenden, ändert nichts am Standardverhalten. Interessanter ist die Option **none**, mit deren Hilfe man Programmierfehler, die durch falsche Annahmen über Variablenzugriffe seitens des Programmierers verursacht werden, aufspüren kann. Die Option **none** führt nämlich dazu, dass der Compiler für jede Variable im lexikalischen Gültigkeitsbereich des parallelen Abschnitts, die nicht in einer Zugriffsklausel (**private**, **shared**, **firstprivate**, **lastprivate** oder **reduction**) auftritt, eine Fehlermeldung ausgibt und die Compilierung unterbricht. Die Verwendung dieser Option empfiehlt sich insbesondere dann, wenn man bereits fertigen seriellen Code (möglicherweise von Dritten geschrieben) nachträglich mit OpenMP parallelisieren möchte. Nachdem man sich über jede einzelne Variable, die der Compiler anmahnt, Gedanken gemacht und sie an die Liste der passenden Klausel angefügt hat, kann man sicher sein, keine Variable übersehen zu haben und auf alle im gewünschten Modus zuzugreifen.

3.2.3 Parallele Berechnungen mit reduction

In Beispiel 3.7 musste der in jeder Iteration erfolgende Schreibzugriff auf die Variable **sum** durch einen kritischen Abschnitt synchronisiert werden. Dies ist, wie in Kapitel 4 zu sehen sein wird, für die OpenMP-Laufzeitumgebung ein aus Korrektheitsgründen zwar notwendiges, aber recht aufwändiges und „teures" Vorgehen, das die Laufzeit des parallelen Programms negativ beeinflusst. Häufig begegnet man jedoch in Programmen Code ähnlich zu jenem in Beispiel 3.7, wo in einer Schleife wiederholt mittels eines binären Operators ein Wert in einer Variablen akkumuliert wird. Für den Fall, dass dieser Operator kommutativ und assoziativ ist, so dass das Endergebnis nicht von der Ausführungsreihenfolge der Einzeloperationen abhängt, stellt OpenMP die `reduction`-Klausel zur Verfügung, die an die (`parallel`) `for`-Direktive angehängt werden kann und folgende Syntax aufweist:

```
reduction (op : Variable [, Variable] ...)
```

Hierbei ist op ein binärer C/C++-Operator; die danach aufgelisteten Variablen müssen skalaren Typs sein. Für alle Variablen in der Liste wird in jedem Thread eine private Kopie angelegt und diese mit dem zum Operator passenden neutralen Element initialisiert. Während der parallelen Ausführung werden zunächst die Zwischenergebnisse in jedem Thread in diesen privaten Instanzen unsynchronisiert akkumuliert, um am Ende des parallelen Abschnitts dann unter Verwendung des Operators synchronisiert in die ursprüngliche Variable des Master Threads aufakkumuliert zu werden. Variablen in einer `reduction`-Klausel sind also im Gegensatz zu privaten Variablen auch nach dem Ende eines parallelen Abschnitts definiert und haben den gleichen Wert, den sie auch bei einer sequentiellen Ausführung tragen würden. Eine Direktive kann mehrere `reduction`-Klauseln aufweisen.

Für unser Beispiel bedeutet die Verwendung der `reduction`-Klausel konkret, dass sowohl auf die temporäre Variable `f_x` als auch auf den kritischen Abschnitt verzichtet werden kann:

Listing 3.8. Parallele Berechnung von π mit `reduction`.

```
const double delta_x = 1.0 / num_iter;
double sum = 0, x;
int i;

#pragma omp parallel for private(x) shared(
    delta_x) reduction(+:sum)
```

```
for(i = 1; i <= num_iter; ++i)
{
  x = delta_x * (i - 0.5);
  sum += 4.0 / (1.0 + x * x);
}


return delta_x * sum;
```

Es sei an dieser Stelle darauf hingewiesen, dass, bedingt durch Rundungsfehler, eine mit `reduction` parallelisierte Operation auf Gleitkommazahlen im Rahmen der endlichen Genauigkeit zu anderen Ergebnissen kommen kann als die korrespondierende sequentielle Ausführung der Schleife, da die Zwischenergebnisse in anderer Reihenfolge akkumuliert werden. Führt man das Programm 3.8 nach der Kompilierung mit eingeschalteter OpenMP-Unterstützung mit 4 Threads auf einem 32-Bit-System aus, so erhält man nach 100 Millionen Iterationen den Wert $\pi = 3,1415926535897$. Die sequentielle Ausführung ohne OpenMP liefert das Resultat $\pi = 3,1415926535904$.[3] Für Programme, bei denen die Ergebnisse beider Ausführungstypen exakt übereinstimmen müssen, dürfen daher solche Akkumulationen nicht parallelisiert werden.

Da die Variablen Skalare sein müssen, können `reduction`-Operationen nicht direkt auf den Elementen eines Vektors

---

[3] In der Tat ist hier die Abweichung vom „richtigen" Ergebnis $\pi = 3.14159265358979\dots$ bei der parallelen Version geringer als die der sequentiellen. Der Grund hierfür ist, dass am Ende der parallelen Schleifendurchläufe ungefähr „gleich große" Teilergebnisse mit ähnlicher Genauigkeit aus den einzelnen Threads aufsummiert werden, bei der sequentiellen Ausführung dagegen auf eine in jeder Iteration größer werdende Summe (der damit weniger Bits für die Repräsentation der Nachkommastellen zur Verfügung stehen) relativ dazu „kleine" Werte addiert werden.

oder den Feldern einer Struktur ausgeführt werden; stattdessen muss vorher eine temporäre skalare Variable gleichen Typs angelegt werden, mit der die Operation durchgeführt wird und deren Inhalt nach dem Ende der Schleife an die gewünschte Stelle zurück geschrieben werden muss.

Tabelle 3.1 zeigt alle in einer `reduction`-Klausel erlaubten Operatoren und ihre korrespondierenden neutralen Elemente.

Operator	neutrales Element
+	0
*	1
-	0
&	~0 (alle Bits auf 1)
|	0
^	0
&&	1
||	0

Tabelle 3.1. Erlaubte Operatoren in `reduction`-Klauseln und ihre korrespondierenden neutralen Elemente.

3.2.4 Lokale und automatische Variablen

Bislang haben wir das Beispiel zur Berechnung von π als reines C-Programm betrachtet und Variablen entsprechend am Anfang einer Funktion deklariert. In C++ dagegen sind Variablendeklarationen überall innerhalb einer Funktion möglich. Variablen, die lokal in einem Codeblock gültig sind und nach dem Ende des Blocks automatisch auf dem Stack dealloki ert werden, werden als automatische Variablen bezeichnet. Fallen solche Deklarationen bzw. der Codeblock, in dem die automatische Variable gültig ist, in den

lexikalischen Gültigkeitsbereich eines parallelen Abschnitts,
so existieren diese Variablen für jeden Thread im Team getrennt, gelten also als privat. Gleiches gilt auch allgemein
in C und C++ für lokale Variablen in aus einem parallelen
Abschnitt heraus aufgerufenen Unterroutinen. Eine Ausnahme bilden lediglich als `static` deklarierte Variablen.
Diese liegen nicht auf dem Stack und verhalten sich wie
global deklarierte Variablen. Dementsprechend werden sie
als `shared` behandelt und jeder Thread hat auf dieselbe
Instanz der Variablen Zugriff.

Vor diesem Hintergrund kann unser Programm im C++-
Stil umgeschrieben werden: Die Zählvariable `i` wird direkt
innerhalb der `for`-Anweisung deklariert und `x` innerhalb
des Schleifenkörpers. Beide Deklarationen liegen damit innerhalb des lexikalischen Gültigkeitsbereichs des parallelen
Abschnitts und werden als `private` behandelt. Die Klausel
`shared(delta_x)` kann weggelassen werden, da dies dem
Standardverhalten entspricht. Die bislang kürzeste Version
des Codes sieht damit so aus:

Listing 3.9. Parallele Berechnung von π in C++.

```
const double delta_x = 1.0 / num_iter;
double sum = 0.0;

#pragma omp parallel for reduction(+:sum)
  for(int i = 1; i <= num_iter; ++i)
  {
    const double x = delta_x * (i - 0.5);
    sum += 4.0 / (1.0 + x * x);
  }

  return delta_x * sum;
```

3.2.5 Initialisierung und Finalisierung von privaten Variablen

Wie bereits mehrfach erwähnt, sind private Variablen beim Eintritt und beim Verlassen eines parallelen Abschnitts undefiniert. In manchen Fällen möchte man jedoch den Wert, den die Variable im Master Thread vor dem parallelen Abschnitt besitzt, zur Initialisierung der privaten Kopien der Variablen in den anderen Threads nutzen. Hierzu gibt es die Klausel `firstprivate`. An dieser Stelle sei gewarnt, dass die Initialisierung nur einmal pro Thread erfolgt und nicht z.B. einmal pro Schleifendurchlauf in einer parallelen Schleife!

Auch hängt manchmal die korrekte Programmausführung vom Wert einer Variablen ab, der dieser im (sequentiell gesehen) letzten Schleifendurchlauf zugewiesen wurde. Analog ermöglicht es die Klausel `lastprivate`, den Wert der Variablen, den sie bei sequentieller Ausführung in der letzten Iteration angenommen hätte, der Variablen im Master Thread zuzuweisen. Hierzu wird der Wert der privaten Kopie jenes Threads im Team, der die sequentiell betrachtet letzte Iteration der Schleife ausgeführt hat, an die Speicherstelle der ursprünglichen Variablen kopiert. Die Syntax beider Klauseln entspricht der der `private`-Klausel:

```
firstprivate ([Variable [, Variable]... ])
lastprivate ([Variable [, Variable]... ])
```

Eine Variable darf für einen parallelen Abschnitt sowohl als `first-` wie auch als `lastprivate` deklariert werden; in diesem Fall garantiert die OpenMP-Laufzeitumgebung, dass alle Initialisierungen durch `firstprivate` abgeschlossen sind, bevor die Variable mit `lastprivate` finalisiert wird.

Handelt es sich bei den Variablen um C++-Objekte, so muss ein `firstprivate`-Objekt einen öffentlich zugänglichen, eindeutigen Copy-Konstruktor implementieren und ein `lastprivate`-Objekt entsprechend einen öffentlich zugänglichen Zuweisungsoperator sowie einen Standardkonstruktor[4]. Diese werden am Anfang der Schleife zur Initialisierung der privaten Objekte bzw. an deren Ende zur Zuweisung des Objekts an die Variable im Master Thread verwendet. Weiterhin gelten alle Einschränkungen für Variablen in einer `private`-Klausel auch entsprechend für `first`- und `lastprivate`-Variablen: Sie dürfen weder unvollständigen Typs noch Referenzen sein. Auch `const` dürfen sie nicht sein, es sei denn, es handelt sich um Objekte mit einer Elementvariablen, die `mutable` deklariert ist.

Als `first`- bzw. `lastprivate` markierte Vektoren – auch mehrdimensionale – werden Element für Element per Zuweisung aus der ursprünglichen Variablen kopiert bzw. an diese zugewiesen. Wird einem Vektorelement in der sequentiell gesehen letzten Schleifenausführung kein Wert zugewiesen, so ist der Wert dieses Elementes nicht definiert.

Codeausschnitt 3.10 demonstriert die Verwendung der beiden Klauseln zusammen mit Vektorvariablen. Es werden zwei zweidimensionale Vektoren `a` und `lastp_a` definiert und beide, als `firstprivate` markiert, in dem parallelen Abschnitt verwendet. `lastp_a` ist zusätzlich als `lastprivate` markiert. Der Inhalt beider Vektoren wird nach dem Verlassen des parallelen Abschnitts ausgegeben.

Listing 3.10. Arrays und `first`-/`lastprivate`.

```
const int row = 2;
const int col = 3;
int a[row][col] = {1,2,3,4,5,6};
int lastp_a[row][col] = {1,2,3,4,5,6};
```

---

[4] Es sei denn, das Objekt wäre gleichzeitig als `first`- und `lastprivate` deklariert. In diesem Fall kann auf den Standardkonstruktor verzichtet werden.

```c
#pragma omp parallel for firstprivate(a,
   lastp_a) lastprivate(lastp_a)
  for(int i = 0; i < row; ++i)
  {
    for(int j = 0; j < col; ++j)
    {
      printf("a[%d][%d] = %d\tlastp_a[%d][%d]
          = %d\n", i, j, a[i][j], i, j,
        lastp_a[i][j]);
      a[i][j] *= -1;
      lastp_a[i][j] *= -1;
    }
  } /* end parallel section */

  printf("a = [ ");
  for(int i = 0; i < row; ++i) {/* test
     output */
    for(int j = 0; j < col; ++j)
    {
      printf("%d ", a[i][j]);
    }
  }

  printf("]\nlastp_a = [ ");
  for(int i = 0; i < row; ++i) { /* test
     output */
    for(int j = 0; j < col; ++j)
    {
      printf("%d ", lastp_a[i][j]);
```

Die Ausgabe des Programms mit zwei Threads auf einem
32-Bit-System sieht (modulo Reihenfolge der Ausgaben)
wie folgt aus:

```
a[0][0] = 1        lastp_a[0][0] = 1
a[1][0] = 4        lastp_a[1][0] = 4
a[0][1] = 2        lastp_a[0][1] = 2
```

```
a[1][1] = 5      lastp_a[1][1] = 5
a[0][2] = 3      lastp_a[0][2] = 3
a[1][2] = 6      lastp_a[1][2] = 6
a = [ 1 2 3 4 5 6 ]
lastp_a = [ 1 2 3 -4 -5 -6 ]
```

Die ersten sechs Zeilen der Ausgabe stammen vom `printf()`-Aufruf innerhalb des parallelen Abschnitts. Wie man sieht, wurden die privaten Kopien beider Vektoren mit den korrekten Werten initialisiert. Nach dem Ende des parallelen Abschnitts ist der Inhalt von **a** undefiniert – hier entspricht er, da der Speicherbereich nicht überschrieben wurde, weiterhin dem Inhalt, den der Vektor vor dem Eintritt in den parallelen Abschnitt hatte.

Für den Vektor `lastp_a` wurden die Werte der gesamten privaten Kopie des Threads, der die sequentiell gesehen letzte Iteration ausgeführt hat (also für die $i = 1$ gilt), an `lastp_a` im Master Thread zurückkopiert, weswegen die Werte mit $i = 1$ auch in `lastp_a` negiert auftreten.

Das Verhalten von `first`- bzw. `lastprivate` Objekten demonstriert Beispiel 3.11.

Listing 3.11. Objekte und `first-`/`lastprivate`.

```
class Class
{
  int x;
  bool copied;
  bool assigned;

public:
  Class() : x(0), copied(false), assigned(
      false) { printf("default constructor\n"
      );}
  Class(int x_) : x(x_), copied(false),
      assigned(false) { }
  Class(const Class& c)
```

```cpp
  {
    printf("copy constructor\n");
    x = c.x;
    copied = true;
    assigned = false;
  }
  Class& operator=(const Class& c)
  {
    printf("assignment operator\n");
    this->x = c.x;
    this->copied = false;
    this->assigned = true;
    return *this;
  }
  void setValue(int x_) { x = x_; }
  int value() { return x; }
  void printInfo(const char* name) { printf("
      %s: x=%d, copied=%s, assigned=%s\n",
      name, x, (copied ? "yes" : "no"), (
      assigned ? "yes" : "no")); }
};

void classBehavior(Class* cp)
{
  Class firstp;
  firstp.printInfo("firstp");
  firstp = *cp;
  firstp.printInfo("firstp");

  Class lastp = firstp;
  lastp.printInfo("lastp (before parallel
      section)");

#pragma omp parallel firstprivate(firstp)
  {
    firstp.printInfo("firstp copy in thread")
      ;
```

```cpp
#pragma omp for private(lastp)
    for(int i = 0; i < 100; ++i)
    {
        lastp.setValue(i);
    }
  }

  lastp.printInfo("lastp (after parallel
      section)");
}

int main()
{
  Class main_instance(42);
  main_instance.printInfo("main_instance");
  classBehavior(&main_instance);

  return 0;
}
```

Die Klasse **Class** besteht aus einem Integerwert x und zwei booleschen Variablen, die anzeigen, ob die aktuelle Instanz durch den Aufruf eines Copy-Konstruktors (**copied==true**) enstanden ist bzw. ihr mittels des Zuweisungsoperators ein Wert zugewiesen wurde (**assigned==true**). Zusätzlich besitzt sie Funktionen zum Setzen und Abfragen des Integerwertes und eine **printInfo()**-Funktion, die den derzeitigen Status der Instanz ausgibt.

In der Funktion **classBehavior(Class*)**, der ein Zeiger auf eine Instanz der Klasse **Class** übergeben wird, wird zunächst eine Instanz **firstp** der Klasse mittels des Standardkonstruktors angelegt; x wird auf 0 gesetzt. Danach wird **firstp** die Instanz, auf die der der Funktion übergebene Zeiger zeigt, zugewiesen. Eine weitere Instanz **lastp** wird mittels des Copy-Konstruktors aus **firstp** erzeugt. Im darauf folgenden parallelen Abschnitt wird – nach der Ausgabe des Status' der als `firstprivate` markierten Instanz `firstp` – in einer Schleife der Wert von `lastp.x` auf den jeweils aktuellen Wert der Zählvariablen gesetzt. Nach Verlassen des parallelen Abschnitts wird noch der Status der als `lastprivate` markierten Instanz `lastp` ausgegeben. Führt man das Programm mit zwei Threads aus, erhält man folgende Ausgabe:

```
main_instance: x=42, copied=no, assigned=no
default constructor
firstp: x=0, copied=no, assigned=no
assignment operator
firstp: x=42, copied=no, assigned=yes
copy constructor
lastp (before parallel section): x=42, copied
    =yes, assigned=no
copy constructor
copy constructor
firstp copy in thread: x=42, copied=yes,
    assigned=no
firstp copy in thread: x=42, copied=yes,
    assigned=no
default constructor
default constructor
assignment operator
lastp (after parallel section): x=99, copied=
    no, assigned=yes
```

Beim Eintritt in den parallelen Abschnitt wird in jedem der beiden Threads der Copy-Konstruktor für die privaten Instanzen von `firstp` aufgerufen. Danach werden die beiden privaten Kopien von `lastp` mittels Standardkonstruktor angelegt; für sie gilt also `lastp.x == 0`. Am Ende des parallelen Abschnitts wird der ursprünglichen Kopie von `lastp` im Master-Thread per Zuweisungsoperator der Wert der Instanz im sequentiell gesehen letzten Schleifendurchlauf zugewiesen, weswegen der Wert von `x` am Ende von `classBehavior()` 99 beträgt. Markierte man `lastp` stattdessen nur als `private`, so hätte `lastp.x` am Ende unverändert den Wert 42.

3.3 Ablaufpläne mit `schedule`

Bislang wurde nicht näher darauf eingegangen, wie innerhalb einer parallelisierten `for`-Schleife die Iterationen auf die Threads im Team aufgeteilt werden. Die Art und Weise der Aufteilung lässt sich jedoch durch sogenannte Ablaufpläne bestimmen, die am Anfang der Schleife durch die an `#pragma omp for` angehängte Klausel `schedule` angegeben werden.

Die Wahl des richtigen Ablaufplans kann das Laufzeitverhalten der Schleife entscheidend beeinflussen. Grundsätzlich sind wir daran interessiert, die Arbeitslast möglichst ausgewogen zu verteilen, so dass im Idealfall alle Threads gleich lange brauchen, um die ihnen zugewiesenen Teilaufgaben zu erledigen. Eine Schleife mit derart ausbalancierter Arbeitslast wird im Allgemeinen weniger Laufzeit brauchen als eine, in der das nicht der Fall ist. Die Arbeitslast auszubalancieren, ist jedoch nicht gleichbedeutend damit, allen Threads die gleiche Anzahl Iterationen zuzuweisen – einige Iterationen können länger dauern als andere. In realen Programmen kann die Ausführungsdauer von Durchläufen derselben Schleife auf jede denkbare Art variieren: Sie kann z. B. mit dem fortlaufenden Iterationsindex der Schleife zunehmen oder fallen, sei es linear oder auf andere, irreguläre Art. Nicht ausbalancierte Schleifen zwingen schnelle Threads, auf langsamere zu warten, bis die Schleife verlassen werden kann, und erhöhen so die Laufzeit des Programms.

3.3.1 Statische und dynamische Ablaufpläne

Man unterscheidet *statische* und *dynamische* Ablaufpläne. Ablaufpläne, bei denen jeder Thread im Team nur genau die Iterationen einer Schleife ausführt, die ihm zu Beginn des Schleifendurchlaufs von OpenMP zugewiesen wurden, nennt man statisch. Die Zuweisung ergibt sich eindeutig aus der Anzahl der zur Verfügung stehenden Threads und der Anzahl der zu verteilenden Iterationen. Das bedeutet auch, dass bei jeder Ausführung des Programms ein gegebener Thread dieselben Iterationen zugewiesen bekommt.

Bei dynamischen Ablaufplänen dagegen werden nicht alle Iterationen bereits zu Anfang fest auf die verfügbaren Threads aufgeteilt. Die Threads bearbeiten die ihnen zugewiesenen Iterationen und bekommen neue zugewiesen, sobald sie die alten abgearbeitet haben. Welcher Thread welche Iterationen bearbeitet, kann sich also von Programmausführung zu Programmausführung ändern.

Der Vorteil dynamischer Ablaufpläne liegt darin, dass schnellen Threads (also solchen, die mit dem Abarbeiten ihrer Iterationen früher fertig sind) neue Iterationen zugewiesen werden können. Sie müssen nicht untätig warten, während die langsameren Threads noch mit ihren Iterationen beschäftigt sind. Nun könnte man meinen, dynamische Ablaufpläne seien in jedem Fall die beste Wahl. Ihre Flexibilität hat jedoch ihren Preis: Die dynamische Zuweisung von Arbeit verlangt Koordination und zusätzlichen Verwaltungsaufwand, die selbst wiederum Taktzyklen verbrauchen und die Gesamtlaufzeit des Programms steigen lassen. Statische Ablaufpläne haben daher durchaus ihre Existenzberechtigung, weil sie ohne diesen zusätzlichen Verwaltungsaufwand auskommen. Für einfache Schleifen, in denen z. B. auf den Elementen eines Containers immer dieselbe Berechnung ausgeführt wird wie in Beispiel 3.5.1, ist ein statischer Ablaufplan nahezu optimal.

Es sei an dieser Stelle nochmals wiederholt, dass die Korrektheit eines parallelen Programms niemals von einer bestimmten Ausführungsreihenfolge, einer bestimmten Anzahl von Threads oder einem bestimmten Ablaufplan abhängen darf.

3.3.2 Syntax

Die verschiedenen Ablaufpläne in OpenMP unterscheiden sich dadurch, wie sie die Iterationen einer Schleife in Stücke (engl. *chunks*) aufteilen und wie diese den Threads eines Teams zugewiesen werden.

Die Syntax der `schedule`-Klausel lautet:

`schedule(type[, chunk])`

Hierbei steht `type` für eine der vier Angaben `static`, `dynamic`, `guided` oder `runtime` und `chunk` für einen positiven ganzzahligen Wert, der sich durch die Schleifenausführung auch nicht ändern darf. Ihre Kombination entscheidet über den Ablaufplan, der verwendet werden soll. Gültige Kombinationen sind in der nachfolgenden Tabelle aufgeführt. Die Tabelle zeigt auch die Zusammenhänge zwischen der Anzahl der Iterationen der parallelisierten Schleife n, der Anzahl der Threads p und dem für `chunk` angegebenen Wert c.

- Wenn als Typ `static` angegeben und `chunk` nicht spezifiziert ist, werden die Iterationen in ungefähr gleich große Stücke aufgeteilt und jedem Thread höchstens ein Stück zugewiesen. Dies bezeichnet man als einfachen statischen Ablaufplan.
- Wird zusätzlich zu `static` ein Wert für `chunk` angegeben, werden die Iterationen in Stücke mit jeweils c

type	chunk?	Iterationen pro Stück	Stücke	Bezeichnung
`static`	nein	n/p	p	einfach statisch
`static`	ja	c	n/c	überlappend
`dynamic`	optional	c	n/c	einfach dynamisch
`guided`	optional	anfangs n/p, dann abnehmend	weniger als n/c	geführt
`runtime`	nein	unterschiedl.	unterschiedl.	unterschiedl.

Tabelle 3.2. Die verschiedenen Ablaufpläne. n steht für die Anzahl der Iterationen der parallelisierten Schleife, p für die Anzahl der Threads, die die Schleife ausführen, und c ist der Wert von `chunk`. Die durch den Ablaufplan verursachten Laufzeitkosten nehmen von oben nach unten zu (nach [8]).

Iterationen aufgeteilt und die Stücke in Reihenfolge der Threadnummer reihum an die Threads vergeben. Das letzte vergebene Stück kann weniger als c Iterationen enthalten, falls die Anzahl der Iterationen nicht ohne Rest durch c teilbar ist. Man spricht hier von einem überlappenden Ablaufplan.

- Als einfachen dynamischen Ablaufplan bezeichnet man einen Plan vom Typ `dynamic`. Die Iterationen werden in je c Elemente umfassenden Stücken an die Threads vergeben, sowie sie von diesen angefordert werden. Immer wenn ein Thread sein altes Stück abgearbeitet hat, fordert er ein neues Stück an. Wenn `chunk` nicht angegeben wird, wird $c = 1$ angenommen. Jeder Thread führt die ihm zugewiesenen Iterationen aus und verlangt dann ein neues Stück, bis keine mehr übrig sind. Das letzte zugewiesene Stück kann auch hier weniger als c viele Iterationen enthalten.

- Geführte Ablaufpläne vom Typ `guided` sind ebenfalls dynamische Ablaufpläne. Bei der Zuweisung von Iterationen an Threads ist die Stückgröße proportional zur Anzahl noch zu verteilender Iterationen geteilt durch die Anzahl der Threads im Team, jedoch nie kleiner als der Wert von `chunk`. Wiederum wird beim Fehlen dieser Angabe $c = 1$ angenommen und das letzte Stück kann weniger als `chunk` viele Iterationen enthalten. Bei der Verwendung von `guided` werden die Stückgrößen bei jeder Zuweisung exponentiell kleiner, wobei die genaue Proportionalität dem Compiler überlassen ist.

- Die letzte verbleibende Option für `type` ist `runtime`, die nicht zusammen mit einem `chunk`-Wert angegeben werden darf. Der zu verwendende Ablaufplan wird erst zur Laufzeit durch Auswertung der Umgebungsvariablen `OMP_SCHEDULE` ermittelt. Der Wert der Variablen muss eine Zeichenkette sein, die dem Parameterformat eines der vier anderen Ablaufplantypen entspricht, also z. B. "`guided,10`".

Die Verwendung von komplexeren Ablaufplänen ist allerdings mit höheren Zusatzkosten verbunden, was die Laufzeit negativ beeinflusst. Ein einfacher statischer Ablaufplan benötigt weniger Verwaltungsaufwand als ein dynamischer, bei dem zur Laufzeit Iterationen an Threads zugewiesen werden, was mit einem gewissen Synchronisierungsaufwand verbunden ist. In Tabelle 3.2 nimmt der Verwaltungsaufwand von oben nach unten zu (`runtime` ausgenommen). Wie weiter oben bereits erwähnt, ist ein einfacher statischer Ablaufplan für die Ausführung von Operationen, die in jedem Schleifendurchlauf die gleiche (geringe) Laufzeit benötigen, ideal – wie beispielsweise für die SAXPY-Operation in Listing 3.3.

Ein Anwendungsbeispiel für dynamische Ablaufpläne ist die Parallelisierung von Bildverarbeitungsoperationen. Soll die gleiche Operation mittels einer Schleife auf einen Vektor möglicherweise unterschiedlich großer Bilder angewendet werden, so könnte ein statischer Ablaufplan dazu führen, dass die Threads auf denjenigen Thread aus dem Team warten müssen, der die Bilder mit der höchsten Auflösung bearbeiten muss. Dynamische Ablaufpläne dagegen können Threads, die bereits mit ihrer Aufgabe fertig sind, neue Bilder zur Bearbeitung zuweisen. Allgemein stellt die Verwendung eines dynamischen Ablaufplans mit einer Stückgröße von c sicher, dass der schnellste Thread am Ende nie länger als c Iterationen auf den langsamsten warten muss. Die Lastverteilung verbessert sich also mit kleiner werdendem c; dafür steigen die Verwaltungs- und Synchronisierungskosten. Sind die Bildverarbeitungsoperationen pro Bild zeitaufwändig (im Sekundenbereich oder höher, in jedem Fall aber wesentlich höher als die Verwaltungskosten für die dynamische Zuteilung), bietet sich fast immer die Parameterwahl „`dynamic,1`", also eine Stückgröße von 1, an.

Die `guided`-Option versucht, die Vorteile eines dynamischen Ablaufplans bei der Lastverteilung mit kleinen Stückzahlen zu kombinieren, indem die Stückgröße bei jeder Zuweisung an einen Thread abnimmt. Anfangs werden den Threads also große Stückzahlen zugewiesen, um die Synchronisationskosten gering zu halten. Gegen Ende werden die Stücke immer kleiner, um die Lastverteilung zu verbessern.

Letztlich bietet die Option `runtime` dem Programmierer die Möglichkeit, zur Laufzeit mit verschiedenen Ablaufplänen und Parameterwerten zu experimentieren, ohne das Programm neu übersetzen zu müssen.

3.3.3 Bedingte Parallelisierung

Nicht selten stellt man fest, dass die oben angesprochenen Kosten für das Starten, Verwalten und Beenden von Threads den von der Parallelisierung erhofften Effekt zunichte machen und das Programm langsamer läuft als vorher. (Allgemeine Hinweise und Tipps zur effizienten Parallelisierung werden in Kapitel 8 behandelt.) Der Mehraufwand lohnt sich erst ab einer gewissen Problemgröße. In diesem Fall (und einigen anderen) erweist sich die Möglichkeit, `#pragma omp parallel` mit einer `if`-Klausel zu verbinden, als sehr nützlich. Wertet der in der Klausel enthaltene Ausdruck zu `false` aus, wird der Abschnitt nicht parallel, sondern seriell ausgeführt. Stellt sich z. B. in Beispiel 3.3 heraus, dass sich die Parallelisierung der SAXPY-Operation erst ab einer Vektorgröße von 1000 lohnt, kann man das Pragma wie folgt mit einer `if`-Klausel ergänzen, um die Parallelausführung an diese Bedingung zu knüpfen:

```
#pragma omp parallel for if(x.size() > 1000)
// ...
```

3.4 Anzahl der Threads in einem Team

Die Frage, von wie vielen Threads ein paralleler Abschnitt nun genau ausgeführt wird bzw. wie man diese Anzahl festlegen kann, ist bislang offen geblieben und soll nun beantwortet werden.

Solange der Programmierer nichts anderes angibt, bleibt die Anzahl der zum Einsatz kommenden Threads OpenMP überlassen. In der Regel entspricht sie der Anzahl der im System zur Verfügung stehenden Prozessoren. Die Bibliotheksfunktion `omp_get_max_threads()` liefert den aktuellen Wert dieser internen Variablen zurück. Es gibt drei Möglichkeiten, diese Vorgabe zu überschreiben:

1. Durch die Umgebungsvariable `OMP_NUM_THREADS`.
2. Durch die Funktion `omp_set_num_threads()`.
3. Durch die Klausel `num_threads`, die an ein einen parallelen Abschnitt einleitendes Pragma angehängt wird.

Hierbei gilt, dass die Möglichkeit i aus dieser Liste Vorrang vor Möglichkeit j für $j < i$ hat. Zur Bestimmung der Anzahl der Threads für einen parallelen Abschnitt prüft OpenMP also zuerst, ob eine `num_threads`-Klausel angegeben wurde. Ist das nicht der Fall, ob der Wert mit `omp_set_num_threads()` gesetzt wurde. Nur wenn auch dieser Test negativ ausfällt, wird die Variable `OMP_NUM_THREADS` ausgewertet. Ist auch sie nicht gesetzt, wird auf den intern vordefinierten Wert der Implementierung zurückgegriffen.

Das Argument von `num_threads` kann auch ein Ausdruck sein, der erst zur Laufzeit ausgewertet wird. Ist ein paralleler Abschnitt sowohl mit einer `num_threads`- als auch mit einer `if`-Klausel versehen, so ist die Reihenfolge der Auswertung beider Ausdrücke nicht vorgegeben. Der parallele Abschnitt wird jedoch seriell ausgeführt, falls der Ausdruck in der `if`-Klausel zu `false` auswertet, unabhängig vom Ausdruck in der `num_threads`-Klausel.

Die OpenMP-Laufzeitbibliothek verfügt auch über eine Funktion namens `omp_get_num_threads()`. Sie gibt die Anzahl der Threads im gerade aktiven Team zurück – also die Anzahl der Threads, die gerade den Codeblock ausführt, in dem auch der Funktionsaufruf steht. Im Unterschied hierzu gibt `omp_get_max_threads()` die nach obigen Regeln maximal mögliche Anzahl an Threads zurück, die nicht an das aktuelle Team gebunden ist.

Listing 3.12. Anzahl von Threads in einem Team.

```c
printf("omp_get_num_threads() = %d\n",
    omp_get_num_threads());
printf("omp_get_max_threads() = %d\n",
    omp_get_max_threads());

omp_set_num_threads(8);

#pragma omp parallel num_threads(2)
  {
    printf("omp_get_num_threads() = %d\n",
        omp_get_num_threads());
    printf("omp_get_max_threads() = %d\n",
        omp_get_max_threads());
  }
```

Die Ausgabe des Programms lautet wie folgt:

```
omp_get_num_threads() = 1
omp_get_max_threads() = 4
omp_get_num_threads() = 2
omp_get_num_threads() = 2
omp_get_max_threads() = 8
omp_get_max_threads() = 8
```

Der erste Aufruf von `omp_get_num_threads()` steht nicht innerhalb eines parallelen Abschnitts. Deswegen ist nur der Master-Thread aktiv und der Rückgabewert dementsprechend 1. `omp_get_max_threads()` liefert 4 zurück, dem voreingestellten Wert der OpenMP-Implementierung bei 4-fach CPU-Maschinen, mit der obige Ausgabe erzeugt wurde. Der parallele Abschnitt wurde mit der Klausel `num_threads(2)` versehen. Da diese Klausel Vorrang hat, werden im parallelen Abschnitt also zwei Threads gestartet, weswegen alle folgenden Zeilen auch doppelt ausgegeben werden: Die Anzahl der Threads im Team innerhalb des parallelen Abschnitts beträgt laut `omp_get_num_threads()`

zwei, wohingegen `omp_get_max_threads()` den Wert 8 zurückliefert, auf den er vor Eintritt in den parallelen Abschnitt gesetzt wurde.

3.5 Datenabhängigkeiten

Niemand braucht ein Programm, das schnell Ergebnisse liefert, wenn diese falsch sind. Wir müssen beim Parallelisieren immer sicherstellen, dass die Korrektheit des Programms erhalten bleibt. Eine der notwendigen Voraussetzungen für die Parallelisierbarkeit ist die wechselseitige Unabhängigkeit der Ergebnisse der einzelnen Iterationen einer Schleife.

Allgemein kann Programmcode nur dann korrekt von mehreren Threads parallel ausgeführt werden, wenn sichergestellt ist, dass keine Wettlaufsituationen (engl. *race conditions*) eintreten können. Eine Wettlaufsituation liegt dann vor, wenn mehrere nebenläufige Prozesse oder Threads auf denselben Daten arbeiten und das Ergebnis der parallelen Programmausführung von der jeweiligen Ausführungsreihenfolge im Einzelfall abhängt. Hieraus folgt auch, dass mindestens einer der Threads schreibend auf die gemeinsam genutzten Daten zugreifen muss, damit eine Wettlaufsituation vorliegen kann. Wird ausschließlich lesend auf die gemeinsamen Daten zugegriffen, spielt die Reihenfolge dieser Zugriffe für das Ergebnis keine Rolle.

Wenn also zwei Anweisungen in einem parallelen Programm auf dieselbe Speicherstelle zugreifen und mindestens einer der Zugriffe ein Schreibzugriff ist, liegt eine Datenabhängigkeit vor. Um die Korrektheit des Programms zu gewährleisten, müssen wir die entsprechenden Codeabschnitte genauer betrachten.

3.5.1 Das Problem der Datenabhängigkeiten

Der folgende Codeabschnitt zeigt eine Datenabhängigkeit in einer einfachen Schleife:

```
for(int i = 1; i < vec.size(); ++i)
  {
      vec[i] = vec[i] + vec[i-1] * 3;
  }
```

Das Ergebnis der Berechnung, das an der Stelle i steht, hängt also vom Ergebnis an der Stelle i-1 ab. Im Falle der seriellen Ausführung stellt das kein Problem dar, da das Ergebnis an der Stelle i-1 in der vorhergehenden Iteration berechnet wurde. Teilt man die Arbeit aber auf mehrere nebenläufige Threads auf, so ist dies nicht mehr gewährleistet. Wird die Schleife beispielsweise von zwei Threads parallel bearbeitet und enthält der Vektor 1000 Elemente, so könnten, abhängig vom gewählten Ablaufplan (siehe Kapitel 3.3), dem ersten Thread die Iterationen 1 bis 500 und dem zweiten die Iterationen 501 bis 1000 zugewiesen werden. Der erste Thread kann zwar seine Berechnung korrekt ausführen, dem zweiten jedoch fehlt beim gleichzeitigen Start der Threads das Ergebnis an der Stelle arr[499], um das Ergebnis an der Stelle arr[500] berechnen zu können. Stattdessen würde der zweite Thread einfach den aktuellen Inhalt des Vektors an jener Stelle als Ausgangswert verwenden und so alle nachfolgend berechneten Werte ebenfalls verfälschen. Ein Versuch, den Vektor an der Stelle arr[499] vorab mit dem korrekten Wert zu initialisieren, ist zum Scheitern verurteilt: erstens wäre die Vorabberechnung des Wertes nur in sehr einfachen Fällen möglich, und zweitens wäre die „Lösung" nur für eine bestimmte Anzahl von Threads und einen bestimmten Ablaufplan gültig. Parallelisierungen, deren Korrektheit von einer bestimmten Ausführungsreihenfolge, einer bestimmten Anzahl von

Threads oder einem bestimmten Ablaufplan abhängt, sind
nicht akzeptabel!

3.5.2 Datenabhängigkeiten in Schleifen

Wir müssen also alle Schleifen, die wir mit OpenMP parallelisieren wollen, auf Datenabhängigkeiten prüfen. Die einzelnen Iterationen einer Schleife sollen parallel ausgeführt
werden; der Code innerhalb einer Iteration wird jedoch weiterhin sequentiell abgearbeitet. Also muss man besonders
darauf achten, dass keine Datenabhängigkeiten zwischen
verschiedenen Iterationen der Schleife existieren. Hierzu betrachtet man die innerhalb der Schleife verwendeten Variablen nach folgenden Kriterien:

- Variablen, aus denen nur gelesen, in die aber nie geschrieben wird, sind nicht Teil einer Datenabhängigkeit.
- Wenn schreibend auf eine Variable zugegriffen wird, betrachten wir alle Speicheradressen a_w, die zur Variable
  gehören und auf die schreibend zugegriffen wird (das
  können beispielsweise im Fall von Vektoren mehrere
  Speicheradressen sein). Wenn genau ein Schleifendurchlauf auf a_w zugreift, ist die Variable nicht Teil einer
  Datenabhängigkeit. Greifen mehrere Durchläufe auf a_w
  zu, liegt eine Datenabhängigkeit vor, und wir müssen
  uns weitere Gedanken darüber machen, ob und wie diese behebbar ist.

3.5.3 Datenabhängigkeiten finden

Entscheidend ist also der Zugriff auf einzelne Speicheradressen. Die Prüfung, ob die oben genannten Kriterien erfüllt
sind, fällt daher für skalare Variablen leichter als für Vektoren. Während erstere eine einzige, festgelegte Speicher-

adresse beschreiben, erfolgt der Zugriff auf die Speicheradressen, die einen Vektor ausmachen, in Schleifen oft in
Abhängigkeit vom aktuellen Wert der Schleifenzählvariablen `zaehler`: Seien z_1 und z_2 zwei unterschiedliche, aber
gültige Werte für die Zählvariable einer Schleife, in der auf
einen Vektor `vec` zugegriffen wird. Wird in Iteration z_1
schreibend auf dasselbe Element `vec[i]` zugegriffen, auf
das in Iteration z_2 lesend oder schreibend zugegriffen wird,
liegt eine Datenabhängigkeit vor.

Diese Abhängigkeiten lassen sich, wenn die Speicheradressen `vec[i]` linear von `zaehler` abhängen, als System
linearer Ungleichungen formalisieren. Das Gleichungssys-
tem kann dann beispielsweise mittels Linearer Programmierung oder anderer Optimierungstechniken gelöst werden [1].
Da eine Behandlung dieser Techniken jedoch den Rahmen
dieses Buches sprengen würde und darüber hinaus in den
meisten Fällen die auftretenden Ausdrücke zur Berechnung
von `vec[i]` einfach genug sind, um etwaige Datenabhängigkeiten durch genaues Hinsehen entdecken zu können, wollen
wir im Folgenden nur auf diese Optimierungstechnik ver-
weisen [39] und hier nur einige Beispiele betrachten. Vorher
sei noch folgende Faustregel für die Parallelisierbarkeit von
Schleifen angegeben: Wenn alle Zuweisungen nur an Vektorelemente erfolgen, auf die in höchstens einer Iteration zugegriffen wird und keine Iteration ein Element einliest, auf
das in einer anderen Iteration schreibend zugegriffen wird,
so bestehen in dieser Schleife keine Datenabhängigkeiten.

Das bereits gesehene Codebeispiel 3.5.1 enthält offenbar
eine Abhängigkeit zwischen aufeinanderfolgenden Iterationen: Jede Iteration i schreibt in `arr[i]`, und die darauffol-
gende Iteration $i+1$ liest aus `arr[i]`. Wie verhält sich das
mit der nachfolgend angegebenen Schleife?

```
for (int i = 1; i < vec.size(); i+=2)
  {
```

```
    vec[i] = vec[i] + vec[i-1] * 3;
}
```

Diese Schleife enthält keine Datenabhängigkeiten, da die Zählvariable in jeder Iteration um 2 erhöht wird. Es wird also nur auf jedes zweite Element schreibend zugegriffen, und jede Iteration liest nur solche Elemente ein, die sie auch später selbst überschreibt bzw. auf die innerhalb der Schleife nur lesend zugegriffen wird. Dieses einfache Beispiel soll nochmals verdeutlichen, dass es nicht genügt, die auftretenden Vektorindizes allein zu betrachten, sondern immer im Kontext der durch die Schleifendefinition vorgegebenen möglichen Werte für die Schleifenvariable [8].

Ähnliches gilt für das folgende Beispiel:

```
for (int i = 0; i < vec.size()/2; ++i)
  {
    vec[i] = vec[i] + vec[i + vec.size()/2]
        * 3;
  }
```

Auch hier gibt es keine Datenabhängigkeiten: wiederum liest jede Iteration nur dasjenige Element, das sie auch schreibt, und zusätzlich ein Element, dessen Index außerhalb des Bereichs liegt, auf den die Schleife schreibend zugreift.

Für die nachfolgende Schleife lässt sich dagegen ein Wertepaar z_1 und z_2 angeben, das die angegebenen Kriterien für eine Datenabhängigkeit erfüllt:

```
for (int i = 0; i < vec.size()/2 + 1; ++i)
  {
    vec[i] = vec[i] + vec[i + vec.size()/2]
        * 3;
  }
```

Die Schleife enthält also eine Datenabhängigkeit: Die erste Iteration ($z_1 = 1$) liest das Element an der Position

`vec[0 + vec.size()/2]`, und die letzte ($z_2 = $ `vec.size()/2`)
greift schreibend darauf zu.

Für den Fall, dass die Vektorindizes keine lineare Funktion der Zählvariablen sind, lassen sich keine allgemeinen Angaben machen:

```
for (int i = 0; i < vec.size()/2 + 1; ++i)
  {
      vec[getIndex(i)] = vec[getIndex(i)] +
          another_vec[getIndex(i)];
  }
```

Ob Datenabhängigkeiten bestehen, hängt hier von der Funktion **getIndex()** ab. Handelt es sich beispielsweise um eine bijektive Abbildung (also eine Permutation von Vektorindizes) könnte die Schleife gefahrlos parallelisiert werden, weil jede Iteration auf ein anderes Element von **arr** zugreift.

3.5.4 Datenabhängigkeiten in verschachtelten Schleifen

Die bislang betrachteten Beispiele umfassen nur einzelne Schleifen, die auf eindimensionalen Vektoren arbeiten. Treten in einem zu parallelisierenden Programm mehrere ineinander verschachtelte Schleifen oder mehrdimensionale Vektoren auf, stellt sich die Frage nach Abhängigkeiten verschachtelter Schleifen untereinander. Hierzu ist zunächst festzuhalten, dass Datenabhängigkeiten nur zwischen den verschiedenen Iterationen einer parallelisierten Schleife auftreten können. Abhängigkeiten innerhalb derselben Iteration der parallelen Schleife bzw. zwischen verschiedenen Iterationen einer sequentiell ausgeführten verschachtelten Schleife innerhalb der parallelen beeinträchtigen nicht die Korrektheit des Programms. Wir betrachten das Problem anhand der Matrizenmultiplikation.

Das Produkt C einer $(n \times m)$-Matrix $A = (a_{i,j})_{n \times m}$ und einer $(m \times p)$-Matrix $B = (b_{i,j})_{m \times p}$ ist eine $(n \times p)$-Matrix und definiert als

$$C = AB = (c_{i,j})_{n \times p}$$

mit

$$c_{i,j} = \sum_{k=1}^{m} a_{i,k} b_{k,j}$$

Eine direkte Implementierung dieser Rechenvorschrift resultiert in drei verschachtelten Schleifen:

```
for(int i = 0; j < n; ++j)
   for(int j = 0; i < p; ++i)
   {
       c[i][j] = 0;
       for(int k = 0; k < m; ++k)
           c[i][j] +=  a[i][k] * b[k][j];
   }
```

Aus Gründen, die in Kapitel 8 näher erläutert werden, würde man mit OpenMP im Allgemeinen die äußerste der Schleifen parallelisieren. Die beiden inneren Schleifen würden also innerhalb einer Iteration der parallelen äußeren Schleife seriell ausgeführt.

Eine Analyse der im oben stehenden Code vorliegenden Abhängigkeiten ergibt, dass wir die äußere Schleife gefahrlos parallelisieren können: Jede Iteration berechnet die Einträge einer Zeile der Ergebnismatrix C und greift nicht auf Elemente von C außerhalb dieser Zeile zu. Die Abhängigkeit von $c_{i,j}$ in der innersten Schleife dagegen behindert die Parallelisierung nicht, da ihre Iterationen sequentiell abgearbeitet werden.

3.5.5 Typen von Datenabhängigkeiten

Hat man das Bestehen einer Datenabhängigkeit festgestellt, stellt sich die Frage nach den Möglichkeiten ihrer Beseitigung. Hierzu halten wir zunächst fest, dass unterschiedliche Typen von Datenabhängigkeiten existieren [6]. Seien zwei Anweisungen A_1 und A_2 gegeben, wobei A_1 in der sequentiellen Ausführung vor A_2 liege, dann gilt:

- Eine echte Datenabhängigkeit (engl. *true dependence*) liegt vor, wenn A_1 in eine Speicheradresse schreibt, die von A_2 als Eingabe gelesen wird. Das Ergebnis der Berechnung von A_1 wird also über eine gemeinsam genutzte Speicheradresse an A_2 kommuniziert. Eine alternative Bezeichnung für diesen Typ ist Flussabhängigkeit, da der Ausgabewert von A_1 in die Eingabe von A_2 „fließt".
- Es besteht eine Gegenabhängigkeit (engl. *antidependence*) von A_1 zu A_2, wenn A_1 von einer Speicheradresse liest, die anschließend von A_2 überschrieben wird.
- Eine Ausgabeabhängigkeit (engl. *output dependence*) von A_2 zu A_1 besteht dann, wenn beide Anweisungen in die gleiche Speicherstelle schreiben und der Schreibzugriff von A_2 nach dem von A_1 erfolgt.

Gegen- und Ausgabeabhängigkeiten entstehen durch die Mehrfachnutzung von Speicherstellen. Die gute Nachricht ist, dass Datenabhängigkeiten dieser beiden Typen immer durch konsistente Variablenumbenennung entfernt werden können. Daher stammt auch der Oberbegriff „Namensabhängigkeiten" für beide Arten. Die nicht ganz so gute Nachricht ist, dass echte Datenabhängigkeiten dagegen nicht immer entfernt werden können. Wir werden im Folgenden einige Beispiele und Lösungsmöglichkeiten betrachten.

3.5.6 Entfernen von Datenabhängigkeiten

Im folgenden Codebeispiel besteht eine Gegenabhängigkeit zwischen den Iterationen der `for`-Schleife:

Listing 3.13. Gegenabhängigkeit: Aus dem Vektor `va` wird ein Wert ausgelesen und dieselbe Speicherstelle später überschrieben.

```cpp
const int size = 1000;
vector<float> va(size);


// ...
for(int i = 0; i < size-1; ++i)
{
   va[i] = va[i+1] + rand();
}
```

In der seriellen Ausführung wird das $(i + 1)$-te Element in der i-ten Iteration ausgelesen und in der darauffolgenden Iteration überschrieben. Die Schleife kann also in dieser Form nicht parallelisiert werden.

Wir müssen also die Menge der Speicheradressen, aus denen gelesen wird und die Menge der Speicheradressen, in die geschrieben wird, disjunkt machen. Das gelingt durch die Einführung eines zusätzlichen Vektors `va2`, in dem die ursprünglichen Werte von `va` zwischengespeichert werden. Dieses Zwischenspeichern kann ebenfalls parallelisiert erfolgen, wie die parallele Version ohne Gegenabhängigkeit zeigt:

Listing 3.14. Parallelisierte Schleife ohne Gegenabhängigkeit.

```cpp
vector<float> va(size);
vector<float> va2(size);
#pragma omp parallel
  {
#pragma omp for
```

```
for(int i = 0; i < size-1; ++i)
  va2[i] = va[i+1];

#pragma omp for
  for(int i = 0; i < size-1; ++i)
  {
    va[i] = va2[i] + rand();
  }
```

Die Vektoren **va** und **va2** werden alle als **shared** behandelt. Da auf alle Vektorelemente in genau einer Iteration zugegriffen wird, ist keine weitere Synchronisation vonnöten. Die Variable **i** ist als automatische Variable im Schleifenkörper privat. Selbstverständlich ist diese Lösung mit zusätzlichem Rechenzeit- und Speicherverbrauch verbunden, so dass es unabdingbar ist, das Laufzeitverhalten des parallelisierten Codes nach der Entfernung der Gegenabhängigkeit zu prüfen.

Ausgabeabhängigkeiten wie in Listing 3.15 sind ebenfalls leicht aufzulösen:

Listing 3.15. Ausgabeabhängigkeit: Die Werte von **x**, **e** und **d** werden vor bzw. in der Schleife gesetzt und nach der Schleife ausgelesen.

```
vector<float> va(size);
vector<float> vb(size);
vector<float> vc(size);
float d = 42.f;
float e = -1.2f;
float x = 0.0f;

// ...

/* serielle Version
   mit Ausgabeabhängigkeit */
for(int i = 0; i < size; ++i)
{
```

```
  x = (vb[i] + vc[i])/2.0f;
  va[i] += x;
  d = 2 * x;
}
float y = x +  d + e;
```

Die vor der Schleife definierten Variablen x, e und d werden
vor der Schleife (im Fall von d) und in der Schleife (im Fall
von x und d) modifiziert und nach der Schleife zur Berechnung von y ausgelesen. Es muss sichergestellt sein, dass diese Variablen nach der Parallelausführung der Schleife dieselben Werte haben wie nach sequentieller Ausführung. Für
e ist dies schnell verifiziert: Auf die Variable wird in der
Schleife gar nicht zugegriffen. Für x und d ist es notwendig,
dass beide einen Wert annehmen, der dem nach dem sequentiell gesehen letzten Schleifendurchlauf entspricht. Beide Variablen müssen also als `lastprivate` markiert werden. Die Vektoren va, vb und vc sind gemeinsam genutzte
Variablen, auf deren Elemente in je genau einer Iteration
zugegriffen wird.

Listing 3.16. Parallelisierte Schleife ohne Ausgabeabhängigkeit.

```
/* parallele Version
   ohne Ausgabeabhängigkeit */
#pragma omp parallel for lastprivate(x, d)
  for(int i = 0; i < size; ++i)
  {
    x = (vb[i] + vc[i])/2.0f;
    va[i] += x;
    d = 2 * x;
  }
  y = x + d + e;
```

Echte Datenabhängigkeiten bzw. Flussabhängigkeiten
dagegen können dem Programmierer größere Kopfschmer-

zen bereiten, da kein Vorgehen existiert, das auf alle möglichen Fälle solcher Abhängigkeiten anwendbar wäre. Einige echte Datenabhängigkeiten sind überhaupt nicht zu beheben.

Dabei haben wir bereits ein Verfahren zur Auflösung für einen Spezialfall von Datenabhängigkeiten kennengelernt. Die in Abschnitt 3.2.3 vorgestellte `reduction`-Klausel. Eine Akkumulatorvariable in einer solchen Schleife wird in einer Iteration sowohl gelesen als auch geschrieben, daher ist sie Teil einer Flussabhängigkeit. Mit `reduction` stellt die OpenMP-Laufzeitumgebung eine Lösungsmöglichkeit bereit.

Letztlich ist es unerlässlich, jede auftretende Flussabhängigkeit im Einzelfall genau zu betrachten und nach Lösungsmöglichkeiten zu suchen. Folgende Optionen sollte man dabei in Betracht ziehen [8]:

- Wenn auf einer Akkumulatorvariablen x keine der in Zusammenhang mit `reduction` laut Tabelle 3.1 erlaubten Operationen ausgeführt wird, aber der Wert von x eine einfache Funktion der Schleifenzählvariablen i ist (wie z. B. die Multiplikation mit einer Konstanten oder die Erhöhung um den Wert von i), so kann die Verwendung von x durch einen Ausdruck in Abhängigkeit von i ersetzt werden. Solche Akkumulatorvariablen werden oft verwendet, um den Zugriff auf Vektorelemente zu vereinfachen. Indem man die Vereinfachung rückgängig macht, kann die Flussabhängigkeit behoben werden.
- Flussabhängigkeiten zwischen zwei verschiedenen Iterationen einer Schleife lassen sich manchmal in Flussabhängigkeiten innerhalb einer Iteration umschreiben, so dass die Schleife dennoch parallelisiert werden kann. Im folgenden Beispiel besteht eine Abhängigkeit zwischen

der Zuweisung an `va[i]` und dem Lesen von `va[i-1]` in zwei verschiedenen Iterationen:

```
/* serielle Version mit
echter Datenabhängigkeit */
for(int i = 1; i < size; ++i)
{
   vb[i] += va[i-1];
   va[i] += vc[i];
}
```

Die Lösung besteht darin, das Einlesen von `va[i]` um eine Iteration nach vorne zu verlegen. Dies ist möglich, indem man vor dem Schleifenkörper den Wert des ersten Elements von `vb` vorberechnet, das letzte Element von `va` nach dem Schleifendurchlauf einzeln nachberechnet, und den Wertebereich der Zählvariablen entsprechend anpasst:

```
/* parallele Version ohne
Datenabhängigkeit */
vb[1] += va[0];
for(int i = 1; i < size-1; ++i)
{
   va[i] += vc[i];
   vb[i+1] += va[i];
}
va[size-1] += vc[size-1];
```

- Bei ineinander verschachtelten Schleifen sollte man aus Effizienzgründen in den meisten Fällen die am weitesten außen liegende Schleife parallelisieren. Ist dies aufgrund einer nicht behebbaren Datenabhängigkeit unmöglich, so sollte man prüfen, ob zumindest eine der inneren Schleifen parallelisierbar ist.

- Ein Schleifenkörper besteht meist aus mehreren Anweisungen, von denen nur einige Teil einer Datenabhängigkeit sind. In diesem Fall kann die Schleife in zwei getrennte Schleifen aufgeteilt werden, von denen eine parallel und eine seriell ausgeführt werden kann. Die Schleife

```
float y = 0;
for(int i = 1; i < size; ++i)
{
  va[i] += va[i-1];
  y += vc[i];
}
```

mit der nicht behebbaren Datenabhängigkeit in der ersten Zeile kann z. B. wie folgt parallelisiert werden:

```
/* parallele Version ohne
Datenabhängigkeit */
for(int i = 1; i < size; ++i)
{
  va[i] += va[i-1];
}
#pragma omp parallel for reduction(+:y)
  for(int i = 1; i < size; ++i)
  {
    y += vc[i];
  }
```

- Zusätzlich zur Separierung in eine parallele und eine sequentielle Schleife kann es sich manchmal lohnen, neue Variablen einzuführen, in denen in der nicht parallelisierbaren Schleife berechnete Zwischenergebnisse abgelegt werden. In der parallelisierbaren Schleife kann dann zur Berechnung des Endergebnisses auf diese Zwischenergebnisse lesend zugegriffen werden. Aus

```
/* serielle Version mit
echter Datenabhängigkeit */
float x = 3;
for(int i = 0; i < size; ++i)
{
```

```
      x += va[i];
      vb[i] = (vb[i] + vc[i]) * x;
   }
```

entsteht mit dieser Technik die Parallelisierung

```
   /* parallele Version ohne
   Datenabhängigkeit */
   float x = 3;
   vector<float> temp_x(size);
   temp_x[0] = x + va[0];
   for(int i = 1; i < size; ++i)
   {
      temp_x[i] = temp_x[i-1] + va[i];
   }
   x = temp_x[size-1];
#pragma omp parallel for
   for(int i = 0; i < size; ++i)
   {
      vb[i] = (vb[i] + vc[i]) * temp_x[i];
   }
```

Manchmal ist es auch der Fall, dass erst zur Laufzeit feststeht, ob eine Schleife Datenabhängigkeiten enthält oder nicht. Hier kommt die aus Abschnitt 3.3.3 bekannte if-Klausel zum Zuge, mit Hilfe derer eine Schleife seriell abgearbeitet werden kann, wenn ein Laufzeittest ergeben hat, dass solche Abhängigkeiten vorliegen.

Oberstes Gebot beim Entfernen von Datenabhängigkeiten gleich welcher Art ist es, dabei keine neuen Abhängigkeiten zu schaffen (bzw. neu auftretende Abhängigkeiten ebenfalls zu beseitigen) und alle anderen in einer Schleife vorhandenen Abhängigkeiten zu beachten. Darüber hinaus muss geprüft werden, ob durch die Parallelisierung tatsächlich eine Beschleunigung erzielt werden konnte oder ob der zusätzliche Verwaltungsaufwand den Laufzeitvorteil zunichte gemacht hat.

3.6 Nicht-parallele Ausführung mit `single`

Innerhalb eines parallelen Abschnitts besteht oftmals die Notwendigkeit, bestimmte Anweisungen nicht parallel, sondern sequentiell auszuführen, ohne deswegen gleich den parallelen Abschnitt ganz zu verlassen. Typische Beispiele sind die Initialisierung von Datenstrukturen oder I/O-Operationen. Die Arbeit aufteilende Direktive `single` sorgt dafür, dass der durch sie eingeschlossene Codeblock von genau einem Thread aus dem den parallelen Abschnitt ausführenden Team durchlaufen wird:

```
#pragma omp single
{
    // ...
}
```

Listing 3.19 auf Seite 86 zeigt beispielhaft die Verwendung des Pragmas.

3.6.1 Die `copyprivate`-Klausel

Die `copyprivate`-Klausel darf nur an eine `single`-Direktive angehängt werden. Ihre Syntax lautet

```
copyprivate (Liste)
```

`Liste` ist hierbei eine Liste von privaten Variablen. Nachdem der `single`-Block durch genau einen Thread T_1 ausgeführt wurde, werden die Werte, die die Variablen aus `Liste` in T_1 angenommen haben, den privaten Kopien aller anderen Threads im Team zugewiesen. Genau wie bei `lastprivate` geschieht dies durch den Aufruf des Zuweisungsoperators (der also für C++-Objekte in `copyprivate`-Klauseln implementiert sein muss) und bei C-Vektoren elementweise. Mit `copyprivate` kann also der Wert einer privaten Variablen nach der Ausführung eines `single`-Abschnitts den anderen Teammitgliedern mitgeteilt werden (wenn der Wert der Variablen z. B. innerhalb des `single`-Blocks aus einer Datei gelesen wurde), ohne dass ein Umweg über eine gemeinsam genutzte Variable genommen werden müsste.

3.7 Implizite Barrieren mit `nowait` umgehen

Am Ende des Gültigkeitsbereichs aller Arbeit aufteilenden Direktiven steht eine implizite Barriere, an der alle Threads warten, bis auch der letzte aus dem Team seine Berechnungen beendet hat. In vielen Fällen ist dies auch notwendig, um die Korrektheit der parallelen Ausführung zu gewährleisten. In manchen Fällen möchte man diese Barriere allerdings gerne umgehen. Threads, die ihre Berechnungen abgeschlossen haben, können bereits weitere Berechnungen im restlichen Teil des parallelen Abschnitts ausführen, statt untätig zu warten. Ist die Korrektheit sichergestellt, genügt das Anhängen der Klausel `nowait` an die entsprechende Direktive, um die Barriere zu deaktivieren. Eine mögliche Anwendung von `nowait` wird im folgenden Abschnitt demonstriert.

Die am Ende jedes parallelen Abschnitts stehende Barriere kann dagegen nicht umgangen werden.

3.8 Paralleles Traversieren von Containerklassen

Gerade für C++-Programme scheint die Forderung nach der kanonischen Schleifenform eine gravierende Einschränkung darzustellen: Oftmals hat man es hier mit Schleifen zu tun, in denen über Iteratoren auf die Elemente einer Datenstruktur zugegriffen wird und für die bestimmte Operationen ausgeführt werden. Solche Schleifen möchte man – immer vorausgesetzt, dass keine Abhängigkeiten zwischen den Iterationen vorliegen – natürlich gerne ebenfalls parallelisieren können. Die in Abschnitt 3.1 definierten Regeln scheinen dem entgegenzustehen, wie das folgende sequentielle Beispiel 3.17 zeigt.

Listing 3.17. Sequenzielles Traversieren von Containerklassen.

```
1   #include <list>
2   #include <string>
3   #include <omp.h>
4
5   using namespace std;
6   int main(int argc, char* argv[])
7   {
8     // Containerklasse, die sequentiell
          abgearbeitet wird
9     list<string> myNameList;
10    // ... führe etwas aus ...
11    for (list<string>::iterator iter =
          myNameList.begin();
12      iter != myNameList.end();
13      iter++)
14    {
15      // ... führe etwas aus ...
16    }
17    return 0;
18  }
```

Die for-Schleife in Zeile 11 ist nicht in kanonischer
Form. Der Trick besteht nun darin, ein Hilfsfeld der Grö-
ße des Containers, d. h. ein Hilfsfeld der Größe gleich der
Anzahl der in dem Container enthaltenen Elemente, vom
Typ Iterator auf Containerelemente anzulegen und mit den
Iteratoren auf die Containerelement zu initialisieren (siehe
Zeile 10-18 in Listing 3.18). Anschließend kann mittels des
Hilfsfeldes problemlos eine kanonische Schleifenform nieder-
geschrieben werden (siehe Zeile 20-21 in Listing 3.18).

Listing 3.18. Paralleles Traversieren von Containerklassen
durch temporäre Erstellung eines Hilfsfeldes von Iteratoren auf
Containerelemente.

```
1   #include <list>
2   #include <string>
3   #include <vector>
4   #include <omp.h>
5
6   using namespace std;
7   int main(int argc, char* argv[])
8   {
9       // Containerklasse, die parallel
            abgearbeitet wird
10      list<string> myNameList;
11      // ... führe etwas aus ...
12      vector< list<string>::iterator > tmpVec;
13      tmpVec.resize( myNameList.size() );
14      int i=0;
15      for (std::list<string>::iterator iter=
            myNameList.begin() ;
16        iter != myNameList.end() ;
17        iter++)
18      { tmpVec[i++] = iter; }
19
20  #pragma omp parallel for
```

```
21    for (int j=0 ; j<(int) myNameList.size() ;
         j++)
22    {
23      list<string>::iterator iter = myNameList[
           i];
24      // ... führe etwas aus ...
25    }
```

Eine alternative Lösung ist die Verwendung von **single** in Kombination mit **nowait**. Im folgenden Codebeispiel wird ein STL-Vektor in einer parallelisierten **for**-Schleife traversiert, ohne dass die Anzahl ihrer Durchläufe vorab bekannt wäre und die damit nicht in kanonischer Form vorliegt:

Listing 3.19. Paralleles Traversieren von Containerklassen mit **single** und **nowait**.

```
#pragma omp parallel
  {
    for(vector<int>::iterator iter = vec.
        begin(); iter != vec.end(); ++iter)
    {
#pragma omp single nowait
      {
        process(*iter);
      }
    }
  }
```

Der OpenMP-Laufzeitumgebung ist bei der Ausführung des Programms nicht bekannt, wie oft die **for**-Schleife durchlaufen werden wird. Jeder Thread im Team führt die Schleife aus und verwaltet seine eigene private Kopie des Iterators, da dieser erst innerhalb des parallelen Abschnitts deklariert wurde. Der gesamte Schleifenkörper steht aber innerhalb einer **single**-Direktive. Es führt also nur ein Thread pro Iteration den Schleifenkörper aus. Die

OpenMP-Laufzeitumgebung sorgt so dafür, dass jede Iteration genau einmal ausgeführt wird. Alle Iterationen sind unabhängig voneinander. Die **nowait**-Klausel sorgt dafür, dass die $n - 1$ Threads aus einem Team von n, die eine Iteration nicht ausführen, nicht an der impliziten Barriere am Ende von **single** warten müssen, sondern bereits eine der anderen Iterationen bearbeiten können.

Dennoch ist diese Lösung mit recht hohem Verwaltungsaufwand verbunden, so dass sie nur dann zum Einsatz kommen sollte, wenn in jeder Iteration – hier also der **process()**-Funktion – auch rechenintensive Operationen vorgenommen werden. Außerdem ist die genaue Anzahl der Elemente im Container vor der parallelen Ausführung zwar unbekannt, sie darf jedoch währenddessen nicht verändert werden. Das Resultat wäre ein Laufzeitfehler.

Kann die Anzahl der Iterationen vorab bestimmt werden (hier, indem die Anzahl der Elemente im Vektor vorher abgefragt wird), lohnt es sich meistens, die Schleife so umzuschreiben, dass sie doch in kanonischer Form vorliegt, da dieses Vorgehen mit weniger Verwaltungsaufwand für die OpenMP-Laufzeitumgebung verbunden ist [14]:

```
#pragma omp parallel for
  for(int i = 0; i < vec.size(); ++i)
  {
    process(vec[i]);
  }
```

4

Synchronisation

In Kapitel 3.2.1 wurde im Beispielprogramm 3.7 ein kritischer Abschnitt verwendet, um den gemeinsamen Zugriff aller Threads im Team auf eine gemeinsam genutzte Variable zu *synchronisieren*, um die Korrektheit des Programms sicherzustellen. Im nun folgenden Kapitel werden die zugrundeliegende Problematik näher erläutert und die von OpenMP zur Lösung bereitgestellten Synchronisationskonstrukte detailliert vorgestellt.

4.1 Wettlaufsituationen und kritische Abschnitte

Wird eine Aufgabe von mehreren Threads oder Prozessen gemeinsam bearbeitet, so kann es der Fall sein, dass sich diese gegenseitig in ihrer Ausführung beeinflussen. Im Kontext von OpenMP nutzen alle Threads im Team einen gemeinsamen logischen Adressraum. Die Kommunikation zwischen den Threads, wie in Kapitel 3.2 erläutert, erfolgt durch Lesen und Schreiben gemeinsam genutzter Variablen.

Wie wir gesehen haben, ist die genaue Reihenfolge von parallel ausgeführten Anweisungen nicht garantiert. Um die gemeinsam genutzten Daten dennoch konsistent zu halten, werden OpenMP-Sprachkonstrukte zur Synchronisation benötigt. Betrachten wir noch einmal den Code zur parallelen Berechnung von π ohne die Verwendung eines kritischen Abschnitts:

Listing 4.1. Fehlerhafte parallele Berechnung von π (ohne Synchronisation).

```
const double delta_x = 1.0 / num_iter;
double sum = 0.0;
double x, f_x;
int i;

#pragma omp parallel for private(x, f_x)
   shared(delta_x, sum)
   for(i = 1; i <= num_iter; ++i)
   {
     x = delta_x * (i - 0.5);
     f_x = 4.0 / (1.0 + x * x);
     sum += f_x; /* ERROR! */
   }

   return delta_x * sum;
```

`x` und `f_x` sind private Variablen, existieren also getrennt im Adressraum jedes einzelnen Threads; `sum` dagegen wird gemeinsam genutzt. Die entscheidende Anweisung `sum += f_x`, in der die Zwischenergebnisse der einzelnen Threads aufsummiert werden, besteht – in Pseudo-Maschinensprache – aus mehreren Schritten: erst werden die alten Werte von `sum` und `f_x` jeweils in ein Register geladen, dort addiert und schließlich an die Adresse von `sum` zurückgeschrieben:

```
reg1 = sum
reg2 = f_x
```

```
reg1 = reg1 + reg2
sum = reg1
```

In der seriellen Ausführung stellt dies kein Problem dar. Was passiert nun, wenn dieser Code von zwei Threads T_0 und T_1 parallel abgearbeitet wird? Offensichtlich hängt der Wert der privaten Variablen x und damit auch der Wert von f_x (ebenfalls privat) direkt von der Schleifenzählvariablen i ab. OpenMP teilt die Schleifeniterationen gemäß dem verwendeten Ausführungsplan (siehe Kapitel 3.3) auf die beiden Threads auf; unabhängig vom Ausführungsplan garantiert OpenMP, dass die Mengen der an T_0 bzw. T_1 zugewiesenen Iterationen (und damit Werten von i) disjunkt sind. Wir bezeichnen einen Wert von f_x in einer T_0 zugeordneten Iteration mit f_0 und analog für T_1 mit f_1. Wird nun die for-Schleife parallel von T_0 und T_1 ausgeführt, so entspricht dies einer seriellen Ausführung der drei Anweisungen im Schleifenkörper durch beide Threads in einer nicht vorhersagbaren Abfolge. Eine mögliche Abfolge wäre z. B.:

T_0:	`reg1 = sum`	$reg1_{T_0} = sum$
T_1:	`reg1 = sum`	$reg1_{T_1} = sum$
T_0:	`reg2 = f_x`	$reg1_{T_0} = f_0$
T_1:	`reg2 = f_x`	$reg1_{T_1} = f_1$
T_1:	`reg1 = reg1 + reg2`	$reg1_{T_1} = sum + f_1$
T_0:	`reg1 = reg1 + reg2`	$reg1_{T_0} = sum + f_0$
T_0:	`sum = reg1`	`sum = `$reg1_{T_0} = sum + f_0$
T_1:	`sum = reg1`	`sum = `$reg1_{T_1} = sum + f_1$

Am Ende dieser Ausführung ist der Wert von sum also lediglich um den Wert f_1 erhöht worden, die Addition von f_0 ist verlorengegangen! Viele weitere Abfolgen sind denkbar, bei denen beispielsweise die Addition von f_1 verloren geht, oder sogar welche, bei denen das Ergebnis zufällig richtig ist (wenn alle Ausführungen durch T_0 vor allen Ausführungen durch T_1 liegen). Darüber hinaus haben wir hier nur zwei Threads parallel ausgeführt. Man sieht leicht, dass die Anzahl der Möglichkeiten, zu falschen Ergebnissen zu kommen, mit der Zahl der zum Einsatz kommenden Threads noch steigt.

Eine Situation, in der mehrere Threads Zugriff auf gemeinsam genutzte Daten haben und das Ergebnis der Berechnung von der jeweiligen Ausführungsreihenfolge abhängt, heißt *Wettlaufsituation* oder *race condition* [33]. Um die Wettlaufsituation im obigen Beispiel zu vermeiden, müssen wir sicherstellen, dass immer nur ein Thread den Wert der Variablen **sum** verändern kann, was als *Synchronisation* bezeichnet wird.

Für parallel laufende Threads $T_0, \ldots, T_{n-1}$ müssen also diejenigen Codeabschnitte identifiziert werden, in denen ein Thread exklusiven Zugriff auf gemeinsam genutzte Ressourcen (bei OpenMP also als **shared** deklarierte Variablen in einem parallelen Abschnitt) haben muss; diese Abschnitte werden *kritische Abschnitte* genannt. Wenn ein Thread T_i seinen kritischen Abschnitt ausführt, darf kein anderer Thread T_j seinen kritischen Abschnitt ausführen. Man spricht auch von einem *Mutex* vom englischen *mutual exclusion*, einem „wechselseitigen Ausschluss".

4.2 Kritische Abschnitte in OpenMP

OpenMP setzt das Konzept der kritischen Abschnitte direkt in ein Pragma mit folgender Syntax um:

```
#pragma omp critical [(Name)]
{
  ...
}
```

Die Direktive `critical` markiert den ihr folgenden Code-block als kritischen Abschnitt. Die OpenMP-Laufzeitumgebung garantiert, dass der Codeblock zu jedem gegebenen Zeitpunkt von höchstens einem Thread ausgeführt wird. Anzumerken ist, dass diese Beschränkung für alle Threads im Programm gilt, nicht nur für die Threads aus dem Team, das gerade den parallelen Abschnitt ausführt, in dem der kritische Abschnitt liegt. Alle Codeabschnitte im gesamten Programm, die als `critical` ausgewiesen wurden, werden wie ein einziger kritischer Abschnitt behandelt: Sie können nicht von mehr als einem Thread gleichzeitig ausgeführt werden.

Das kann dazu führen, dass Threads an verschiedenen Stellen im Programm aufeinander warten müssen, die eigentlich gar nicht miteinander synchronisiert werden müssten. Um hier eine feinere Granularität zu erreichen, besteht die Möglichkeit, kritischen Abschnitten zusätzlich einen Namen zu geben, der in runden Klammern an das Pragma angehängt wird. Threads warten dann solange mit dem Eintritt in einen benannten kritischen Abschnitt, bis kein anderer Thread im gesamten Programm einen kritischen Abschnitt, der denselben Namen trägt, ausführt. Unbenannte kritische Abschnitte werden wie ein Abschnitt mit demselben, nicht spezifizierten Namen behandelt. Es empfiehlt sich daher, sich das Benennen von kritischen Abschnitten zur Gewohnheit zu machen.

Eine korrekte Lösung des Problems der kritischen Abschnitte erfordert nicht nur die Exklusivität der Ausführung, sondern auch, dass die Anweisungen im kritischen Abschnitt durch jeden zuständigen Thread zur Ausführung gelangen (Fortschritt), und dass die Wartezeit, bis alle Threads den Abschnitt durchlaufen haben, nach oben beschränkt ist (*bounded waiting*) [33]. Die OpenMP-Laufzeitumgebung stellt dies sicher.

Die Verwendung von `critical` zur Behebung der im vorigen Abschnitt diskutierten Wettlaufsituation bei der Berechnung von *pi* zeigt Listing 3.7.

Als `critical` markierte Codeblöcke dürfen nicht vorzeitig durch Anweisungen wie `break`, `continue` oder `return` verlassen werden, da ansonsten die ordnungsgemäße Freigabe des kritischen Abschnitts für den nächsten wartenden Thread nicht sichergestellt wäre.

4.2.1 Deadlocks

Als Deadlock (oder Verklemmung) bezeichnet man einen Zustand, bei dem ein oder mehrere Threads unendlich lange auf ein Ereignis oder eine Ressource warten, die nur vom Thread selbst oder einem anderen beteiligten Thread ausgelöst bzw. freigegeben werden können [33]. Das klassische Beispiel in der Literatur für ein Deadlock ist das *Philosophenproblem*, das erstmals von E. W. Dijkstra formuliert wurde: Fünf Philosophen sitzen um einem runden Tisch gruppiert. Jeder Philosoph hat eine Schale Reis vor sich stehen. Um diesen zu essen, benötigt jeder Philosoph zwei Essstäbchen. Es stehen jedoch nur so viele Essstäbchen zur Verfügung, wie Philosophen am Tisch sitzen. Zwischen je zwei Philosophen liegt ein Essstäbchen, das von beiden zum Essen benutzt werden könnte. Die Philosophen gehen wie folgt vor:

1. Nimm das Essstäbchen links von dir in die Hand.
2. Nimm das Essstäbchen rechts von dir in die Hand.
3. Iss.
4. Leg ein Essstäbchen auf deine linke Seite zurück.
5. Leg ein Essstäbchen auf deine rechte Seite zurück.

Wenn nun alle Philosophen gleichzeitig Schritt 1 ausführen und das Stäbchen zu ihrer Linken aufnehmen, so kommt keiner zum Essen, weil alle darauf warten, dass sie ein Stäbchen rechts von sich aufnehmen können.

In OpenMP kann es beispielsweise zu einem Deadlock kommen, wenn ein Thread, der gerade einen kritischen Abschnitt C_0 ausführt, aus diesem heraus eine Funktion aufruft, die wiederum einen kritischen Abschnitt C_1 enthält. Haben beide Abschnitte denselben Namen (oder sind beide unbenannt), so wartet der Thread mit der Ausführung von C_1, bis er selbst C_0 wieder verlassen hat – was aber nie der Fall sein wird, da er dazu erst C_1 ausführen müsste. OpenMP implementiert keine Schutzmaßnahmen zur Entdeckung oder Vermeidung von Deadlocks. Es liegt in der Hand des Programmierers, solche Situationen zu vermeiden.

4.3 Atomare Operationen mit `atomic`

In Abschnitt 4.1 haben wir gesehen, wie die in Maschinencode aus mehreren Schritten bestehende Anweisung `sum += f_x` durch parallele Ausführung zu falschen Ergebnissen führen kann Ein anderer Lösungsansatz besteht darin, zu garantieren, dass die Ausführung der einzelnen Schritte durch einen Thread nicht durch einen anderen unterbrochen werden kann. Die gesamte Anweisung `sum += f_x` soll nach außen als eine einzige *atomare Operation* erscheinen. Diese Möglichkeit. die moderne Hardwarearchitekturen bieten, kann von OpenMP genutzt werden.

Statt eines kompletten Codeabschnitts wie bei `critical` muss hier nur eine einzelne Speicherstelle – die der Variablen `sum` nämlich – vor unerlaubtem Parallelzugriff geschützt werden. Dies bringt einerseits einen geringeren Verwaltungsaufwand zur Synchronisation der Threads mit sich (weshalb eine atomare Operation fast immer Laufzeitvorteile gegenüber `critical` hat), ist aber andererseits nur bei bestimmten Operationen auf dieser Speicherstelle möglich. In OpenMP lautet das Sprachkonstrukt hierfür:

```
#pragma omp atomic
  Zuweisung
```

`Zuweisung` darf dabei die Anwendung eines Inkrement- oder Zuweisungsoperators auf einer skalaren Variablen sein; Details können der Tabelle 4.1 entnommen werden.

```
x++
++x
x-
-x
x op= Ausdruck, wobei op einer der binären Operatoren
              +, -, *, , &, ^, |, « oder » sein darf.
```

Tabelle 4.1. In Verbindung mit `atomic` erlaubte Ausdrücke. x steht dabei für einen L-Wert, bezeichnet also einen benannten Speicherbereich, und hat einen skalaren Typ.

Mit `atomic` lässt sich also die Wettlaufsituation in unserem Beispiel wie folgt beheben:

Listing 4.2. Synchronisation mit `atomic`.

```
const double delta_x = 1.0 / num_iter;
double sum = 0.0;
double x, f_x;
int i;

#pragma omp parallel for private(x, f_x)
    shared(delta_x, sum)
  for(i = 1; i <= num_iter; ++i)
  {
    x = delta_x * (i - 0.5);
```

```
    f_x = 4.0 / (1.0 + x * x);
#pragma omp atomic
    sum += f_x;
  }


  return delta_x * sum;
```

4.4 reduction und Vergleich der Laufzeiten

Die bereits in Abschnitt 3.2.3 vorgestellte reduction-Klausel kann ebenfalls als Synchronisationskonstrukt angesehen werden. Sie entspricht konzeptuell einer atomaren Operation auf Akkumulatorvariablen in Schleifen (reduction kann nur in Verbindung mit den Direktiven #pragma omp for bzw. #pragma omp parallel for verwendet werden).

Ein kritischer Abschnitt mit critical stellt also die allgemeinste Möglichkeit der Synchronisation dar, die mit dem größten zusätzlichen Verwaltungsaufwand verbunden ist. Atomare Operationen und reduction-Klauseln können meist effizienter implementiert werden, sind aber in ihrem Anwendungsbereich beschränkt. Der folgende Laufzeitenvergleich für die Ausführung der Programme 3.7, 4.2 und 3.8 auf einem Intel Core Duo T2600 mit $2,16$ GHz mit 100000000 Iterationen durch zwei parallel arbeitende Threads unterstreicht dies. Zur Laufzeitmessung mit OpenMP siehe Kapitel 7.

Wie man sieht, verlangsamt sich die Ausführung des Programms durch die Parallelisierung um das mehr als Zehnfache, wenn der Verwaltungs- und Synchronisationsaufwand für die Koordination der Threads in keinem gesunden Verhältnis zum eigentlichen Rechenaufwand steht! Lediglich bei der Verwendung von reduction lässt sich in diesem Beispiel ein Speedup größer als 1, nämlich $s_2 = \frac{2,77}{1,42} =$

critical	$30,98s$
atomic	$28,52s$
reduction	$1,42s$
seriell (1 Thread)	$2,77s$

Tabelle 4.2. Laufzeitvergleich der Programme zur Berechnung von π bei 100000000 Iterationen mit verschiedenen Synchronisationstechniken und mit der seriellen Ausführung.

$1,95$ feststellen, was einer nahezu optimalen Effizienz von 97% entspricht (siehe Abschnitt 1.2.3). Dies bedeutet keinesfalls, dass `critical` und `atomic` keine Existenzberechtigung hätten (oder gar, dass man aus Performancegründen auf eine für die Korrektheit notwendige Synchronisierung verzichten könnte!), sondern lediglich, dass sie in diesem sehr einfachen Beispiel nicht die richtige Wahl sind.

4.5 Synchronisierung mit der OpenMP-Laufzeitbibliothek

Die Beschränkung des Zugriffs auf eine Ressource, um einzelnen Threads exklusiven Zugang zu gewähren, bezeichnet man auch als *Locking* (vom englischen Wort für „Schloss"). Kritische Abschnitte „sperren" Codebereiche gegen unerwünschte parallele Zugriffe ab. Möchte ein Thread einen kritischen Abschnitt ausführen, so muss er konzeptionell gesehen das mit dem Abschnitt assoziierte Lock belegen und nach Bearbeitung des Abschnitts wieder freigeben. Im Fall der in den vorhergehenden Abschnitten behandelten Klauseln erledigt dies die OpenMP-Laufzeitumgebung implizit. Der Programmierer muss sich um das Belegen und die Freigabe von Locks nicht kümmern, bezahlt diesen Vorteil aber mit geringerer Flexibilität: Kritische Abschnitte mit `critical` können genau einen Codeblock umfassen. Die OpenMP-Laufzeitbibliothek stellt Funktionen zur Verfügung, die das explizite Locking von Ressourcen in die Hand des Programmierers legen. Das Belegen und wieder Freigeben von Locks kann an beliebigen Stellen im Code erfolgen; dafür ist nun der Programmierer für deren Korrektheit verantwortlich. Allen Lock-Routinen wird eine Variable vom Typ `omp_lock_t` übergeben, die nach der „Verriegelung" an der passenden Stelle im Code wieder entsperrt werden muss. Die Lock-Routinen der Laufzeitbibliothek sind im Einzelnen:

- `void omp_init_lock(omp_lock_t*)` initialisiert die als Zeiger übergebene Lock-Variable. Diese Funktion muss genau einmal vor der Verwendung der Lock-Variablen zum Sperren von Codeabschnitten aufgerufen werden.
- `void omp_destroy_lock(omp_lock_t*)` ist das Gegenstück zu `omp_init_lock()` und gibt die Lock-Variable frei, wenn sie nicht mehr verwendet wird.
- Ruft ein Thread `void omp_set_lock(omp_lock_t*)` auf, gibt es zwei Möglichkeiten:
  1. Das Lock ist frei. Dann wird das Lock gesperrt und der aufrufende Thread kann den nachfolgenden Code ausführen.
  2. Das Lock ist bereits gesperrt. Der aufrufende Thread wird blockiert und muss warten, bis das Lock freigegeben wird.
- Mit `void omp_unset_lock(omp_lock_t*)` kann ein Thread ein von ihm belegtes Lock wieder freigeben. Der Versuch, ein Lock freizugeben, dass der Thread nicht selbst gesperrt hat, führt zu einem Laufzeitfehler. Nach der Freigabe kann ein am Lock wartender anderer Thread seine Ausführung wieder aufnehmen. Warten mehrere Threads auf die Freigabe desselben Locks,

ist nicht definiert, welcher von ihnen als erstes wieder ausgeführt wird.

- `int omp_test_lock(omp_lock_t*)` testet, ob ein Lock gesperrt oder frei ist. Ist es frei, wird es gesperrt und der aufrufende Thread kann den geschützten Code ausführen; der Rückgabewert der Funktion ist `true`, wenn das Lock gesperrt werden konnte, sonst `false`. Der Unterschied zu `void omp_set_lock()` besteht darin, dass der aufrufende Thread nicht blockiert wird und warten muss, falls das Lock bereits belegt ist. Auf diese Art und Weise ist es möglich, Code zu schreiben, in dem Threads, statt untätig auf das Freiwerden eines Locks zu warten, währenddessen andere Aufgaben erledigen können.

4.5.1 Deadlocks und verschachteltes Locking

Die in Abschnitt 4.2.1 beschriebene Problematik der Deadlocks betrifft auch die Verwendung der Locking-Routinen. Sollte ein Thread versuchen, ein Lock zu belegen, dass er bereits selbst zuvor gesperrt hat, tritt eine Verklemmung ein. OpenMP verfügt über keine Mechanismen, solche Deadlocks zu vermeiden; die Verantwortung muss der Programmierer selbst tragen.

Manchmal möchte man aber nun gerade die Möglichkeit haben, einen Thread ein Lock mehrmals sperren zu lassen, beispielsweise in einer rekursiven Funktion, die sich zum einen immer wieder selbst aufruft, zum anderen aber exklusiv von einem Thread ausgeführt werden soll. Hierzu gibt es die Funktionen für verschachteltes Locking. Sie unterscheiden sich syntaktisch von den oben genannten durch ein eingeschobenes „`_nest_`" und heißen also `omp_init_nest_lock`, `omp_destroy_nest_lock`, `omp_set_nest_lock`, `omp_unset_nest_lock` und `omp_test_nest_lock`. Sie verhalten sich wie die oben beschriebenen mit der Ausnahme, dass beim Aufruf von `omp_init_set_lock` zunächst geprüft wird, ob das Lock bereits vom aufrufenden Thread gesperrt wurde; ist dies der Fall (oder ist das Lock frei), kann der aufrufende Thread den geschützten Code ausführen. Wird das Lock von einem anderen Thread gehalten, muss er selbstverständlich warten. `omp_test_nest_lock` gibt die Anzahl der verschachtelten Sperrungen zurück.

4.5.2 Scoped Locking in C++

Die größere Flexibilität, die die `omp_*_lock()`-Funktionen mit sich bringen, erhöht jedoch die Anfälligkeit für Fehler. Ein besonders „beliebter" Fehler in diesem Zusammenhang ist es, die Freigabe eines Locks zu vergessen. Die Verwendung der weniger flexibleren `critical`-Direktive schließt diese Möglichkeit zwar aus, unterliegt aber noch weiteren Beschränkungen wie der fehlenden Möglichkeit, den kritischen Abschnitt vorzeitig z. B. per `return`-Anweisung zu verlassen. In C++ bietet sich die Möglichkeit, diesen Konflikt durch die Verwendung sogenannter Wächterobjekte (*guard objects*) zu überwinden und die Vorteile beider Ansätze zu vereinen. Ein Wächterobjekt ist ein Designmuster, das nach dem Prinzip „Ressourcenbelegung ist Initialisierung" (*resource acquisition is initialization, RAII*) die Belegung und Freigabe von Locks an die Initialisierung und Deinitialisierung von Objekten koppelt: verliert das Objekt seine Gültigkeit, wird automatisch sein Destruktor aufgerufen und dort die belegten Resourcen freigegeben. Ein angenehmer Nebeneffekt ist, dass nach dem RAII-Prinzip geschriebener Code ausnahmefest ist. Im Zusammenhang mit Locks spricht man bei solchen Wächterobjekten von *Scoped Locking* [30]. Das folgende Codebeispiel zeigt, wie sich Scoped Locking mit OpenMP implementieren lässt [36].

Listing 4.3. Ein Wächterobjekt für Scoped Locking.

```cpp
class GuardOMP {
public:
  GuardOMP(omp_lock_t& lock) : lock_(&lock) {
    omp_set_lock(lock_);
  }

  ~GuardOMP() {
    omp_unset_lock(lock_);
  }

private:
  omp_lock_t* lock_;

  GuardOMP(const GuardOMP&);
  void operator=(const GuardOMP&);
};
```

Die Klasse `GuardOMP` verfügt lediglich über eine private Membervariable `lock_` vom Typ `omp_lock_t`. Copy-Konstruktor und Zuweisungsoperator sind ebenfalls privat, damit keine Kopien von Instanzen des Objekts gemacht werden können.

Wird eine Instanz dieser Klasse angelegt, wird ihr Konstruktor aufgerufen, dem eine Referenz auf eine bereits initialisierte Lock-Variable übergeben wird. Im Konstruktor wird `lock_` belegt und im Destruktor wieder freigegeben. Die Verwendung der Klasse `GuardOMP` anstelle eines kritischen Abschnitts zeigt Listing 4.4.

Listing 4.4. Verwendung der `GuardOMP`-Klasse als Mutex.

```cpp
// ...
omp_lock_t lock;
omp_init_lock(&lock);
// ...
#pragma omp parallel
```

```
{
  // ...
  { // Beginn kritischer Abschnitt
    GuardOMP guard(lock);
    // ...
  } // Ende kritischer Abschnitt
  //...
}
// ...
omp_destroy_lock(&lock);
```

Zu Beginn des kritischen Abschnitts initialisiert jeder Thread im Team eine Instanz von `GuardOMP`. Jede dieser Instanzen hat Zugriff auf dieselbe Lock-Variable. Für einen der Threads ist das Lock noch frei, alle anderen müssen warten, bis sie an der Reihe sind. Hat ein Thread den kritischen Abschnitt durchlaufen, endet der Gültigkeitsbereich von **guard** und für seine Instanz wird automatisch der Destruktor aufgerufen und das Lock freigegeben.

Wichtig hierbei ist, dass die Lock-Variable außerhalb des parallelen Abschnitts angelegt und initialisiert werden muss, damit sich im folgenden parallelen Abschnitt alle Threads im Team über dieselbe Variable synchronisieren können. Würde sie erst innerhalb des parallelen Abschnitts angelegt (oder hätte jede `GuardOMP`-Instanz ihre eigene Lockvariable als Member), so besäße jeder Thread seine eigene Kopie der Variablen, was natürlich gerade nicht der Sinn der Sache ist.

Hat man einmal ein Wächterobjekt implementiert, ist dessen Verwendung genauso einfach wie die von `critical`. Bei beiden Varianten kann man nicht vergessen, ein belegtes Lock wieder freizugeben. Scoped Locking bringt jedoch weitere Vorteile mit sich, über die `critical` nicht verfügt:

- Der durch ein Wächterobjekt gesicherte Abschnitt kann mit Anweisungen wie `break`, `continue` oder `return` verlassen werden.
- Scoped Locking ist ausnahmefest.
- Alle als `critical` ausgewiesenen Codeblöcke werden wie ein einzelner kritischer Abschnitt behandelt, wenn sie denselben (oder keinen) Namen haben. Namen können aber nur vor dem Übersetzen des Programms im Quelltext vergeben werden. Mit Scoped Locking dagegen kann man auch zur Laufzeit beliebig viele voneinander unabhängige kritische Abschnitte verwalten, solange man bei der Initialisierung unterschiedliche Lock-Variablen an die Wächterobjekte übergibt. Das folgende Codebeispiel verdeutlicht die Problematik:

Listing 4.5. Eine threadsichere Funktion mit `critical`.

```
void threadsafeFunction(int& value)
{
  // ...
#pragma omp critical (threadsafe_function)
  {
    value = rand();
  }
}
```

In `threadsafeFunction` wird ein zum Zeitpunkt des Übersetzens benannter kritischer Abschnitt verwendet. Wird nun die Funktion wie in Beispiel 4.6 dazu benutzt, unterschiedliche Daten zu manipulieren, so blockieren sich die Threads gegenseitig am benannten kritischen Abschnitt, obwohl die Daten komplett unabhängig voneinander sind und kein Konflikt droht.

Listing 4.6. Problem mit benannten kritischen Abschnitten auf unterschiedlichen Daten.

```
int a, b;
```

```
void foo()
{
#pragma omp parallel
  {
    threadsafeFunction(a);
    // ...
    threadsafeFunction(b);
  }
}
```

Mit Scoped Locking kann dieses Problem umgangen werden, indem man der threadsicheren Funktion unterschiedliche Lock-Variablen für unterschiedliche Daten als Parameter mit übergibt, auf denen sich dann intern die Wächterobjekte synchronisieren können.

Trotz dieser Vorteile von Scoped Locking hat natürlich die **critical**-Direktive dennoch ihren Platz in OpenMP. Zum einen funktioniert sie auch im C-Sprachkontext und zum anderen ist sie ein direkt in OpenMP eingebautes Sprachkonstrukt, was es dem Compiler ermöglicht, **critical** effizient umzusetzen. Bei Scoped Locking hingegen entsteht nochmals zusätzlicher Verwaltungsaufwand durch das Initialisieren und Deinitialisieren von Objekten.

4.6 Synchronisierung von Ereignissen

Bislang haben wir uns auf Mutex-Synchronisationen beschränkt, bei denen nur ein Thread gleichzeitig einen geschützten Bereich ausführen kann. OpenMP bietet aber noch andere Möglichkeiten, Threads untereinander zu koordinieren, indem auf die Ausführungsreihenfolge der Threads Einfluss genommen wird.

4.6.1 Barrieren

Implizite Barrieren sind bereits aus der Definition paralleler Abschnitte in Kapitel 2 bekannt. Am Ende eines parallelen Abschnitts warten alle Threads aus einem Team, bis alle den parallelen Abschnitt durchlaufen haben, wenn der Abschnitt nicht mit einer `nowait`-Direktive versehen ist. Erst wenn alle diesen Synchronisationspunkt erreicht haben, wird das Programm weiter ausgeführt. Der Programmierer hat die Möglichkeit, solche Barrieren mittels eines Pragmas explizit dort in den Code einzufügen, wo es notwendig ist, dass alle Threads einen bestimmten Codeabschnitt bearbeitet haben, bevor sie in einen anderen eintreten. Die Syntax lautet:

```
#pragma omp barrier
```

4.6.2 Geordnete Ausführung

Manchmal kann es notwendig sein, dass innerhalb einer parallel ausgeführten Schleife ein Stück Code in der Reihenfolge ausgeführt werden muss, die der sequentiellen Ausführung der Schleife entspricht, ohne dass man deswegen den parallelen Abschnitt verlassen möchte oder verlassen kann. OpenMP benutzt hierzu das Sprachkonstrukt `ordered`:

```
/* "ordered" als Klausel */
#pragma omp parallel for ordered
// ...
/* "ordered" als Direktive */
#pragma omp ordered
{
    // ...
}
```

Sollen Codebestandteile in einer parallelen Schleife geordnet ausgeführt werden, so muss das Schlüsselwort `ordered` sowohl als Klausel an das Pragma `#pragma omp [parallel] for` angehängt werden als auch als Direktive `#pragma omp ordered` den geordneten Codeblock umfassen. Dabei dürfen im Schleifenkörper zwar mehrere geordnete Abschnitte vorkommen, es darf in jeder Iteration jedoch nur höchstens eine durchlaufen werden, sonst ist das Verhalten undefiniert bzw. führt zu einem Laufzeitfehler.

Der Code vor und nach dem mit `ordered` markierten Block wird weiter parallel ausgeführt. Vor dem Eintritt in den `ordered`-Abschnitt wartet jeder Thread, bis der Abschnitt von der sequentiell gesehen vorhergehenden Iteration durchlaufen worden ist. Ein typisches Anwendungsbeispiel hierfür ist das geordnete Schreiben von Werten in eine Logdatei:

Listing 4.7. Verwendung von `ordered` als Klausel und Direktive.

```
void writeOrdered(ofstream& ofile)
{
#pragma omp parallel for ordered
  for(int i = 0; i < 1000; ++i)
  {
    int n = calcExpensive(i);

    if(i < 500) {
#pragma omp ordered
      ofile << n << endl;
    }
    else {
#pragma omp ordered
      ofile << -n << endl;
    }
  }
```

```
}
```

Die Reihenfolge der Ausgabe der Werte in die Datei entspricht der der sequentiellen Ausführung der Schleife. Anzumerken ist, dass die mit der `ordered`-Klausel versehene Schleife im Schleifenkörper zwar zwei `ordered`-Direktiven enthält, aber in jeder Iteration nur höchstens eine (hier in Abhängigkeit von der Zählvariablen) ausgeführt wird.

4.6.3 Nichtparallele Ausführung durch den Master-Thread

Zur nichtparallelen Ausführung von parallelen Abschnitten durch nur einen Thread haben wir bereits die Direktive `single` kennengelernt. Während `single` nur sicherstellt, dass genau ein Thread einen innerhalb eines parallelen Abschnitts befindlichen Codeabschnitt ausführt (und die anderen Threads am Ende des Abschnitts, ohne ihn ausgeführt zu haben, an einer impliziten Barriere warten), lässt sich mit Hilfe des `master`-Pragmas genau spezifizieren, welcher Thread den entsprechenden Abschnitt alleine ausführen soll: der Master-Thread. Weitere Unterschiede zu `single` bestehen darin, dass `master` keine implizite Barriere am Ende hat – andere Threads also einfach den markierten Bereich überspringen und den nachfolgenden Code ausführen – und dass der Abschnitt für die anderen Threads im Team auch gar nicht erreichbar sein muss. In einem `master`-Abschnitt können beispielsweise Zwischenergebnisse aus einer vorhergehenden parallelen Berechnung sequentiell vom Master-Thread ausgegeben oder auf die threadprivaten Variablen (siehe Abschnitt 5.2) des Master-Threads zugegriffen werden [8]. Hierbei ist zu beachten, dass, weil die anderen Threads nicht am Ende des Abschnitts warten, diese möglicherweise die auszugebenden Zwischenergebnisse bereits weiter modifiziert haben können, bevor der Master-Thread die Ausgabe beendet hat.

4.6.4 Konsistente Speicherbelegung mit flush

In OpenMP teilen sich die zum Einsatz kommenden Threads einen gemeinsamen Speicherbereich M, in dem sie Variablen lesen und schreiben können. Einer OpenMP-Implementierung ist es jedoch erlaubt, für jeden Thread einen eigenen, temporären Zustand M_T des gemeinsamen Speichers M zu verwalten, vergleichbar mit einem Cache. Jeder Thread kann also seine eigenen Variablenbelegungen z. B. in Registern speichern, die nicht notwendigerweise konsistent mit den Variablenbelegungen in M sein müssen. Das bedeutet: Wenn ein Thread den Wert einer Variablen modifiziert, kann es der Fall sein, dass nur der Wert in M_T verändert wird; entsprechend gilt für Leseoperationen, dass ein Thread den Wert möglicherweise aus M_T liest. Dies stellt in den meisten Fällen kein Problem dar, sondern ist gewünscht: Die Möglichkeit, für jeden Thread einen Speicherzustand M_T zu verwalten, erhöht die Effizienz des Systems, da nicht immer alle Variablenbelegungen abgeglichen werden müssen. In manchen Situationen möchte man jedoch sicherstellen, dass die Ansicht M_T eines Threads mit M übereinstimmt. Hierzu gibt es die Direktive flush:

```
#pragma omp flush [(Liste von Variablen)]
```

flush stellt einen Synchronisationspunkt für Speicherbereiche dar. Das flush-Konzept hat Ähnlichkeiten mit einer Barriere: Um M_T und M konsistent zu machen, müssen alle Schreib- und Lesezugriffe auf gemeinsame Variablen, die im Code vor flush stehen, abgeschlossen sein, bevor die Ausführung eines Speicherzugriffs, der nach flush steht, begonnen werden kann. Die flush-Operation dauert solange, bis alle modifizierten Variablenbelegungen aus M_T nach M geschrieben wurden. Analog gilt für eine Variable, die nach der Ausführung von `flush` gelesen wird, dass ihr Wert aus M geladen werden muss, um sicherzustellen, dass es sich um den aktuellsten Wert handelt (der in der Zwischenzeit ja bereits wieder durch einen anderen Thread in M verändert worden sein könnte).

Der Compiler synchronisiert so nur diejenigen gemeinsam genutzten Variablen, auf die ein anderer Thread Zugriff haben könnte. Private oder automatische Variablen können nicht zur Kommunikation zwischen Threads genutzt werden und können daher auch über eine `flush`-Operation hinweg z. B. in den Registern eines Threads gespeichert bleiben und müssen nicht in den gemeinsam genutzten Hauptspeicher zurückgeschrieben werden. Möchte man nur bestimmte gemeinsam genutzte Variablen mit `flush` abgleichen, so kann der Direktive eine in runden Klammern stehende Liste mit den Namen dieser Variablen übergeben werden. Da `flush` eine kostenintensive Operation und mit hohem Verwaltungsaufwand verbunden ist, lässt sich die Leistung eines Programmes steigern, indem nur notwendige Abgleiche vorgenommen werden.

Durch `flush` wird nur der temporäre Speicher des ausführenden Threads mit dem globalen gemeinsamen Speicher M abgeglichen; sollen die Speicherbelegungen aller Threads abgeglichen werden, muss jeder der Threads `flush` ausführen.

Eine `flush`-Operation mit leerer Variablenliste wird implizit immer an folgenden Stellen im Programm ausgeführt:

- an einer Barriere;
- beim Betreten und Verlassen von `parallel`-, `critical`- und `ordered`-Abschnitten;

- beim Verlassen einer Arbeit aufteilenden Direktive, wenn keine `nowait`-Klausel spezifiziert ist;
- beim Aufruf der Lock-Funktionen der Laufzeitbibliothek (siehe Abschnitt 4.5), falls die Lock-Variable gesetzt oder freigegeben wird.

Vor und nach Ausführung einer atomaren Anweisung mit `atomic` wird ein `flush` auf den Variablen ausgeführt, die innerhalb der atomaren Anweisung modifiziert werden. Ist eine Variable als `volatile` deklariert, führt OpenMP ein `flush` auf dieser Variablen aus, bevor aus dieser gelesen und nachdem ihr Wert überschrieben wurde [17].

Da mit `flush` eine Übereinstimmung zwischen M_T und M hergestellt werden kann, kann die Direktive auch dazu benutzt werden, sicherzustellen, dass der Wert einer Variablen, der von Thread T_0 gesetzt wurde, von einem anderen Thread T_2 gelesen werden kann. Hierzu muss der Programmierer folgende Reihenfolge einhalten:

1. T_0 schreibt den Wert der Variablen.
2. T_0 führt `flush` für die Variable aus.
3. T_1 führt `flush` für die Variable aus.
4. T_1 liest die Variable.

Das folgende Beispiel zeigt ein einfaches Erzeuger-Verbraucher-Entwurfsmuster [33, 10] in OpenMP mit `flush`. Ein Thread, der Erzeuger, modifiziert eine Variable `value` und zeigt durch das Setzen des Flags `flag` an, dass er seine Berechnung abgeschlossen hat. Der Verbraucher prüft in einer Schleife wiederholt, ob `flag` gesetzt wurde, um danach selbst auf `value` zuzugreifen [8]. Der Erzeuger-Thread führt also folgenden Code aus:

```
// Erzeuger
modifyData(&data);
#pragma omp flush (data)
```

```
  flag = true;
#pragma omp flush (flag)
  // ...
```

Das Programm funktioniert nur korrekt mit den eingefügten **flush**-Operationen. Das erste **flush** sorgt dafür, dass alle Änderungen an den Daten in den Hauptspeicher übernommen wurden, bevor das Flag gesetzt wird. Das zweite **flush** verhindert, dass der neue Wert des Flags nur in der temporären Ansicht des Erzeuger-Threads gesetzt wird.

Der Code für den Verbraucher-Thread sieht wie folgt aus:

```
  // Verbraucher
  do {
    Sleep ( 100 );
#pragma omp flush (flag)
  } while(!flag);
#pragma omp flush (data)
  doSomething(&data);
  // ...
```

Der Verbraucher liest immer wieder die Speicherstelle in M, an der der Wert des Flags steht. Die erste **flush**-Operation garantiert, dass der Wert in jedem Schleifendurchlauf neu von dort eingelesen wird. Der folgende Aufruf von **flush** auf **data** stellt sicher, dass die aktuellste Version der Daten aus dem gemeinsamen Speicher geladen wird, statt möglicherweise mit einer lokalen Kopie im Erzeuger-Thread zu arbeiten.

5

Parallele Abschnitte

Bislang haben wir OpenMP ausschließlich zur Parallelisierung von Schleifen, also iterativen Berechnungen, angewendet. OpenMP kann aber noch mehr: In diesem und dem folgenden Kapitel werden Techniken zur Parallelisierung nicht-iterativer, unabhängiger Aufgaben sowie weitere Details zu parallelen Abschnitten vorgestellt.

5.1 Parallele Teilaufgaben mit `sections`

Hat man mehrere unabhängige Teilaufgaben zu bearbeiten, so werden diese in sequentiellem Code im Allgemeinen als Abfolge von Funktionsaufrufen implementiert:

```
vector<float> va;
vector<float> vb;
vector<float> vc;
vector<float> vd;
vector<float> ve;

initVector(va, "vec_a.dat");
```

```cpp
initVector(vb, "vec_b.dat");
initVector(vc, "vec_c.dat");
initVector(vd, "vec_d.dat");
ve.resize(vd.size());

// sortiere va
sort(va.begin(), va.end());
// kehre vb um
reverse(vb.begin(), vb.end());
// berechne Summe aller Elemente von vc
cout << "Summe der Elemente von vc = " <<
    accumulate(vc.begin(), vc.end(), 0) <<
    endl;
// addiere vc elementweise zu vd und
//    schreibe Ergebnis nach ve
assert(vd.size() >= vc.size() && ve.size()
    >= vd.size());
transform(vc.begin(), vc.end(), vd.begin(),
    ve.begin(), plus<int>());
```

OpenMP verfügt über die Arbeit aufteilende Direktive **sections**, die es dem Programmierer ermöglicht, voneinander unabhängige Codeblöcke parallel von jeweils einem Thread aus einem Team ausführen zu lassen. Ihre Syntax lautet:

```cpp
#pragma omp sections
    {
[#pragma omp section]
        {
            // ...
        }
[ #pragma omp section
        {
            // ...
        } ]
    }
```

Die gesamte Direktive wird von #pragma omp sections umschlossen. Jede Teilaufgabe wird in einem Codeblock zusammengefasst, dem jeweils ein #pragma omp section (ohne „s" am Ende) vorausgestellt wird. Bei der ersten Teilaufgabe im umschließenden Block ist die Angabe von #pragma omp section optional. Jedem Thread wird ein section-Abschnitt zur Ausführung zugewiesen.

Eine kurze Analyse des Codes zeigt, dass die Vektoren va und vb jeweils unabhängig von den weiteren Berechnungen initialisiert und bearbeitet werden. Aus vc und vd werden die Elemente von ve berechnet, wobei auf vc nach erfolgter Initialisierung nur noch lesend zugegriffen wird. Eine mögliche Unterteilung in Teilaufgaben ist im folgenden Listing angegeben.

```cpp
vector<float> va;
vector<float> vb;
vector<float> vc;
vector<float> vd;
vector<float> ve;

initVector(vc, "vec_c.dat");

#pragma omp parallel num_threads(3)
  {
#pragma omp sections
    {
#pragma omp section
      {
        printf("Thread %d: beginne Sortierung
            von va\n", omp_get_thread_num())
          ;
        initVector(va, "vec_a.dat");
        sort(va.begin(), va.end());
        printf("Thread %d: beende Sortierung
            von va\n", omp_get_thread_num());
```

```cpp
        }
#pragma omp section
        {
            printf("Thread %d: beginne Umkehrung
                von vb\n", omp_get_thread_num());
            initVector(vb, "vec_b.dat");
            reverse(vb.begin(), vb.end());
            printf("Thread %d: beende Umkehrung
                von vb\n", omp_get_thread_num());
        }
#pragma omp section
        {
            printf("Thread %d: beginne
                Summenbildung über vc\n",
                omp_get_thread_num());
            cout << "Summe der Elemente von vc =
                " << accumulate(vc.begin(), vc.
                end(), 0) << endl;
            printf("Thread %d: beende
                Summenbildung über vc\n",
                omp_get_thread_num());
        }
#pragma omp section
        {
            printf("Thread %d: beginne Addition
                von vc und vd\n",
                omp_get_thread_num());
            initVector(vd, "vec_d.dat");
            ve.resize(vd.size());
            assert(vd.size() >= vc.size() && ve.
                size() >= vd.size());
            transform(vc.begin(), vc.end(), vd.
                begin(), ve.begin(), plus<int>())
                ;
            printf("Thread %d: beende Addition
                von vc und vd\n",
                omp_get_thread_num());
```

```
    }
  }
}
```

Nach der Deklaration der Vektorvariablen wird vor dem Eintritt in den parallelen Abschnitt zunächst der Vektor vc initialisiert, da mehrere Teilaufgaben seine Werte als Eingabe benötigen. In den beiden ersten Abschnitten werden die Berechnungen auf va und vb ausgeführt. Die beiden letzten Abschnitte greifen beide lesend auf vc zu. Einmal wird die Summe der Elemente berechnet und ausgegeben, und einmal werden zunächst vd und ve initialisiert bzw. vergrößert, um danach die elementweise Addition von vc und vd mit Speicherung der Elemente nach ve auszuführen.

Beim Betreten und beim Verlassen jeder Teilaufgabe wird eine entsprechende Nachricht auf die Standardausgabe geschrieben. Eine mögliche Ausgabe bei der Ausführung durch drei Threads könnte z. B. lauten:

```
Thread 2: beginne Summenbildung über vc
Thread 1: beginne Umkehrung von vb
Thread 0: beginne Sortierung von va
Summe der Elemente von vc = 499500
Thread 2: beende Summenbildung über vc
Thread 2: beginne Addition von vc und vd
Thread 2: beende Addition von vc und vd
Thread 1: beende Umkehrung von vb
Thread 0: beende Sortierung von va
```

Wie man sieht, ist zwar die Reihenfolge der „beginne …"-Ausgaben beliebig, die korrekte Abfolge der zusammengehörigen „beginne"/"beende"-Ausgaben bleibt jedoch erhalten.

Die Ausführungsreihenfolge der einzelnen Teilaufgaben ist der Implementierung überlassen. Im Gegensatz zu parallelen Schleifen hat der Programmierer keine Möglichkeit, die Ausführungsreihenfolge zu beeinflussen. OpenMP garantiert lediglich, dass jede Teilaufgabe genau einmal ausgeführt wird. Hat ein Thread-Team mehr Mitglieder als Teilaufgaben zu vergeben, bleiben die überzähligen Threads untätig und warten an der Barriere, die – wie bei allen Arbeit aufteilenden Direktiven – am Ende von `#pragma omp sections` steht, bis alle ihre Berechnungen abgeschlossen haben. Gibt es mehr Teilaufgaben, als Teammitglieder zur Verfügung stehen, müssen einzelne Threads mehr als eine Teilaufgabe bearbeiten.

Die Klauseln `private`, `firstprivate`, `lastprivate`, `reduction` und `nowait` dürfen an die `#pragma omp sections`-Direktive angehängt werden und verhalten sich wie in Kapitel 3 erklärt.

Genau wie beim Schleifenkonstrukt `#pragma omp for` lassen sich `#pragma omp sections` und `#pragma omp parallel` zu einer Direktive `#pragma omp parallel sections` zusammenfassen.

5.2 Globale Variablen und `threadprivate`

Mit der Direktive `threadprivate` lassen sich von globalen Variablen für jeden Thread lokale Kopien erstellen. Ihre Syntax lautet

```
#pragma omp threadprivate(Liste)
```

Diese Direktive muss direkt nach jeder Deklaration der in `Liste` genannten globalen Variablen stehen. Für jeden Thread wird dann eine eigene Kopie der globalen Variablen erzeugt, so dass deren Modifikation durch einen Thread für andere Threads nicht sichtbar ist. Als `threadprivate` markierte Variablen unterscheiden sich von privaten Variablen dadurch, dass sie über mehrere parallele Abschnitte

(und damit über die „Lebensdauer" der Threads, die einen
parallelen Abschnitt ausführen) hinweg Gültigkeit behalten, unter der Bedingung, dass die Anzahl der Threads in
verschiedenen parallelen Abschnitten konstant bleibt. Der
nachfolgende Code demonstriert diese Eigenschaft [21]:

Listing 5.1. Globale Variablen und `threadprivate`.

```
int  a, b=42;
float x;

#pragma omp threadprivate (a, x)

int main()
{
  /* dynamische Threads deaktivieren */
  omp_set_dynamic(0);

  printf("Erster paralleler Abschnitt:\n");
#pragma omp parallel private(b)
  {
    int tid = omp_get_thread_num();
    a = tid;
    b = tid;
    x = 1.1f * tid + 1.0f;
    printf("Thread %d:   a=%d, b=%d, x=%f\n",
        tid, a, b, x);
  }  /* Ende paralleler Abschnitt */

  printf("
    *********************************\n"
    );
  printf("Serieller Abschnitt\n");
  printf("
    *********************************\n"
    );
```

```
  printf("Zweiter paralleler Abschnitt:\n");
#pragma omp parallel
  {
    int tid = omp_get_thread_num();
    printf("Thread %d:    a=%d, b=%d, x=%f\n",
        tid, a, b, x);
  } /* Ende paralleler Abschnitt */
```

Alle verwendeten Variablen mit Ausnahme von **tid** sind global, aber nur **a** und **x** sind auch **threadprivate**. Zunächst werden dynamische Threads (hierauf wird später in Kapitel 7 genauer eingegangen) deaktiviert, da sonst die programmübergreifende Gültigkeit von **threadprivate**-Variablen nicht garantiert ist. Danach wird der erste parallele Abschnitt ausgeführt, in dem **a** und **b** jeweils die Thread-ID und **x** ein von der Thread-ID abhängiger Gleitkommawert zugewiesen wird. Danach wird der sequentielle Teil nur vom ursprünglichen Master-Thread ausgeführt, bevor in einem zweiten parallelen Abschnitt die Werte aller globalen Variablen, wie sie von jedem Thread gesehen werden, nochmals ausgegeben werden. Die Ausgabe bei der Ausführung durch vier Threads lautet:

```
Erster paralleler Abschnitt:
Thread 0:    a=0, b=0, x=1.000000
Thread 1:    a=1, b=1, x=2.100000
Thread 2:    a=2, b=2, x=3.200000
Thread 3:    a=3, b=3, x=4.300000
*******************************
Serieller Abschnitt
*******************************
Zweiter paralleler Abschnitt:
Thread 0:    a=0, b=42, x=1.000000
Thread 1:    a=1, b=42, x=2.100000
Thread 2:    a=2, b=42, x=3.200000
Thread 3:    a=3, b=42, x=4.300000
```

Im ersten parallelen Abschnitt entsprechen die Werte von a und b jeweils den ihnen zugewiesenen Thread-IDs (b ist für diesen Abschnitt als privat markiert). Im zweiten parallelen Abschnitt entsprechen die threadprivaten Werte von a und x weiterhin denen aus dem ersten Abschnitt, ohne dass eine neue Zuweisung erfolgt wäre. Der Wert von b dagegen entspricht dem ursprünglich bei der Definition zugewiesenen Wert von 42. Wird b auch für den ersten parallelen Abschnitt als gemeinsame (globale) Variable behandelt, so entspricht ihr Wert bei der Ausgabe im zweiten parallelen Abschnitt der Thread-ID, der ihr im ersten Abschnitt als letztes zugewiesen wurde, also einer zufälligen Zahl zwischen 0 und 3.

Die Kopien von threadprivaten Variablen in den einzelnen Threads sind beim Eintritt in den ersten parallelen Abschnitt undefiniert. Mit der `copyin`-Klausel, die an eine `#pragma omp parallel`-Direktive angehängt werden kann, werden sie mit dem Wert der threadprivaten Variablen des Master-Threads initialisiert. Die Syntax der Klausel lautet:

```
copyin(Liste)
```

`Liste` umfasst die Namen derjenigen threadprivaten Variablen, die vor ihrer ersten Verwendung initialisiert werden sollen.

5.3 Verwaiste Direktiven

Bislang sind wir immer davon ausgegangen, dass die Arbeit aufteilenden Direktiven `#pragma omp for`, `#pragma omp single` und `#pragma omp sections` innerhalb des lexikalischen Gültigkeitsbereichs eines sie umfassenden parallelen Abschnitts liegen. OpenMP erlaubt es aber auch, Direktiven außerhalb eines parallelen Abschnitts im Code zu platzieren. Dies ist sehr nützlich, falls z. B. innerhalb eines parallelen Abschnitts weitere Unterfunktionen aufgerufen werden, die ebenfalls von der Parallelität profitieren können. Solche Direktiven werden als *verwaist* bezeichnet.

Wird eine Funktion mit einer verwaisten Direktive aus einem parallelen Abschnitt heraus aufgerufen, so wirkt die Direktive auf das Thread-Team, das den parallelen Abschnitt ausführt. Wird dieselbe Funktion aus einem seriellen Teil des Programms aufgerufen, der nur von einem Thread ausgeführt wird, so behandelt die OpenMP-Laufzeitumgebung diesen wie ein Team, das aus nur einem Thread besteht. Alle Teilaufgaben, die sonst jeweils von einem Teammitglied ausgeführt würden, werden vom gleichen Thread ausgeführt.

Globale Variablen in verwaisten Direktiven werden immer als **shared** behandelt, unabhängig von der Zugriffsregelung auf die globalen Variablen im aufrufenden parallelen Abschnitt. Automatische Variablen innerhalb der verwaisten Direktive sind stets privat, da sie auf dem Stack jedes aufrufenden Threads abgelegt werden.

5.4 Verschachtelte parallele Abschnitte

Der OpenMP-Standard erlaubt es, mehrere parallele Abschnitte ineinander zu verschachteln. Wenn ein paralleler Abschnitt von einem Thread-Team ausgeführt wird, so können Threads aus dem Team wiederum auf ein `#pragma omp parallel` treffen:

```
#pragma omp parallel
{
    // ...
#pragma omp parallel
    {
```

```
        // ...
    }
}
```

Ist das der Fall, wird konzeptionell ein neues Team von Threads gestartet, das den inneren parallelen Abschnitt ausführt. Verschachtelte Parallelität effizient zu implementieren und zu nutzen, stellt Hersteller von OpenMP-fähigen Compilern vor einige Herausforderungen [26]. Verschachtelte Parallelität ist daher ein Bereich, in dem aktiv entwickelt und geforscht wird [37]. In den meisten derzeitigen Compilern besteht das neue Team daher aus nur einem Thread – nämlich dem, der auf die entsprechende Direktive getroffen ist.

Ob beim Aufruf eines verschachtelten parallelen Abschnitts vom verwendeten Compiler ein Team von neuen Threads gestartet wird oder ob das Team nur aus dem aufrufenden Thread besteht, lässt sich mit den Funktionen `void omp_set_nested(int nested)` und `int omp_get_nested(void)` einstellen bzw. abfragen.

6

Parallele Aufgaben

Historisch gesehen wurde die auf Compilerdirektiven aufgebaute Parallelisierung mit OpenMP vor dem Hintergrund hauptsächlich vektorbasierter Algorithmen in Fortran entworfen[1]. Der Designansatz von OpenMP erleichtert vor allem die inkrementelle Parallelisierung von Code mit vielen Schleifen, die auf diese Vektoren zugreifen. Weitere Zielsetzungen sind die einfache Anwendbarkeit, ohne Detailkenntnisse über das Starten und Beenden von Threads besitzen zu müssen, und der Erhalt des ursprünglichen sequentiellen Programms. Die Anwendung für die C/C++-Programmierung beschränkte sich anfänglich auf die Parallelisierung der C/C++-Äquivalente solcher vektor- und schleifenbasierter Fortran-Programme [31]. Diese Herkunft können die bislang vorgestellten Konstrukte zur Arbeitsaufteilung nicht verleugnen. Nicht ohne Grund ist das Kapitel über die Parallelisierung von Schleifen das umfangreichste in diesem Buch. Insbesondere für C++ möchte man je-

---

[1] Seit Fortran90 sind Vektor- und Matrixoperationen – im Gegensatz zu C – Teil des Sprachstandards.

doch auch Operationen auf komplexeren Datenstrukturen wie Listen oder Bäumen parallelisieren können, die über das ursprüngliche Hauptanwendungsgebiet von OpenMP hinausgehen. Die Parallelisierung solcher Algorithmen mit OpenMP ist nicht unmöglich, erfordert aber meist umfangreiche Änderungen im Code und entspricht nicht mehr dem Prinzip der inkrementellen Parallelisierung. Darüber hinaus ist sie mit nicht zu vernachlässigendem zusätzlichen Verwaltungsaufwand zur Laufzeit verbunden.

In Abschnitt 3.8 wurden zwar Möglichkeiten zum Traversieren von (STL-)Containerklassen mit den Sprachkonstrukten von OpenMP aufgezeigt, diese unterlagen jedoch einigen Einschränkungen wie z. B. der, dass die Größe des traversierten Containers nicht verändert werden konnte.

OpenMP kennt das Konzept der `sections` (siehe S. 113), in denen voneinander unabhängige Aufgaben durch jeweils einen Thread parallel ausgeführt werden können. Dieses Sprachkonstrukt unterliegt jedoch der Einschränkung, dass Art und Anzahl der Aufgaben zum Zeitpunkt der Übersetzung definiert und statisch in `section`-Codeblöcke unterteilt sein müssen.

Dieses Kapitel widmet sich der Parallelisierung irregulärer Daten- und Kontrollstrukturen. Hierzu wird das Konzept eines *Tasks* eingeführt, einer unabhängig von anderen Tasks durch einen Thread ausführbaren Aufgabe, die dynamisch zur Laufzeit zur parallelen Ausführung gelangt. Tasks können durch die bekannten Sprachkonstrukte untereinander synchronisiert werden. Welcher Thread aus dem Team welchen Task ausführt, spielt dabei keine Rolle.

Tasks sind nach dem aktuellen Standard 2.5 kein eingebautes Sprachkonstrukt von OpenMP. Ihre grundlegende Funktionalität lässt sich jedoch mit vorhandenen Sprachkonstrukten nachbilden. Der Intel-Compiler (siehe S. 6) implementiert Tasks durch über den Standard hinausgehende

Direktiven, `taskq` und `task`. Der Vorschlag für den kommenden OpenMP-Standard 3.0 [28] enthält Tasks als „offizielles" Sprachkonstrukt. Alle drei Varianten werden im Folgenden behandelt.

6.1 Eine Task-Warteschlange mit OpenMP-Bordmitteln

Eine *Task-Warteschlange* ist eine von den ausführenden Threads gemeinsam genutzte Datenstruktur, die eine Liste zu erledigender, voneinander unabhängiger Aufgaben enthält. Mit den in OpenMP 2.5 enthaltenen Sprachkonstrukten lässt sich eine einfache Warteschlange als ein paralleler Abschnitt implementieren, in dem jeder Thread wiederholt eine Aufgabe aus der Warteschlange entnimmt und diese abarbeitet. Sind keine Aufgaben mehr zu erledigen, wird der parallele Abschnitt verlassen. Das folgende Codebeispiel zeigt eine an [8] angelehnte Implementierung:

Listing 6.1. Eine einfache Task-Warteschlange.

```
const int max_task_index = 10;
int task_index = 0;

int nextTask()
{
  int t = -1;
#pragma omp critical (nextTask)
  {
    if(task_index < max_task_index)
      t = task_index++;
  }
  return t;
}
```

```c
void runTask(int task)
{
  printf("Thread %d führt Task %d aus\n",
      omp_get_thread_num(), task);
}

int main()
{
#pragma omp parallel num_threads(4)
  {
    int task = nextTask();
    while(task != -1)
    {
      runTask(task);
      task = nextTask();
    }
  }
  return 0;
}
```

Nach der Ausführung durch vier Threads lautet eine mögliche Ausgabe:

```
Thread 0 führt Task 0 aus
Thread 0 führt Task 3 aus
Thread 2 führt Task 4 aus
Thread 2 führt Task 6 aus
Thread 0 führt Task 5 aus
Thread 0 führt Task 8 aus
Thread 0 führt Task 9 aus
Thread 1 führt Task 2 aus
Thread 3 führt Task 1 aus
Thread 2 führt Task 7 aus
```

Jeder Thread im parallelen Abschnitt ruft **nextTask()** auf, um sich die Kennnummer des nächsten auszuführenden Tasks geben zu lassen. In **nextTask()** ist die Vergabe der

Nummer durch einen (verwaisten) kritischen Abschnitt geschützt.

An dieser Stelle sei auf ein wichtiges Detail hingewiesen: Jeder Thread verfügt in `nextTask()` über eine private Variable `t`, in der im kritischen Abschnitt die Nummer des auszuführenden Tasks abgelegt wird. Nach Ende des kritischen Abschnitts wird der Wert von `t` und nicht etwa der von `task_index` zurückgegeben, da dieser in der Zwischenzeit durch einen anderen Thread bereits wieder verändert worden sein könnte!

Danach führt der Thread `runTask()` aus. Jeder Task ist hier von der gleichen Art, es werden lediglich die Kennnummern von Task und Thread auf die Standardausgabe geschrieben. In C++ lässt sich das Konzept leicht verallgemeinern, etwa indem man eine virtuelle Basisklasse `Task` mit einer `run()`-Methode deklariert und jeden konkret auszuführenden Task von dieser ableitet. In der `run()`-Methode können dann beliebige Berechnungen implementiert werden.

6.2 Intel-spezifische Erweiterungen: `taskq` und `task`

Um über die Möglichkeiten von OpenMP hinausgehend Programme mit `while`-Schleifen, irregulären Datenstrukturen oder rekursiven Zugriffsmustern elegant parallelisieren zu können, hat Intel in seinem C++-Compiler ein neues Modell der Arbeitsaufteilung zwischen Threads eingeführt: *workqueueing*. Während bei allen anderen Arbeit aufteilenden Direktiven alle auszuführenden Aufgaben bzw. Arbeitseinheiten beim Eintritt in die Direktive bekannt sein müssen, sind in diesem Modell die Arbeit aufteilende Direktive und die auszuführenden Aufgaben voneinander separiert.

Dabei wurde versucht, die Direktiven soweit wie möglich dem OpenMP-Paradigma anzupassen und die Semantik des sequentiellen Programms zu erhalten [18]. Die Syntax aller Intel-spezifischen Direktiven lautet

```
#pragma intel omp <Direktive>
```

Die Arbeit aufteilende Direktive `taskq` setzt das Konzept einer Warteschlange um. Trifft ein Team von Threads auf diese Direktive, wird der von ihr umschlossene Codeblock von nur einem Thread aus dem Team, also sequentiell, ausgeführt. Alle anderen Threads warten darauf, dass Aufgaben zur Warteschlange hinzugefügt werden, um diese abzuarbeiten. Sobald alle Aufgaben erledigt sind und das Ende des `taskq`-Blocks erreicht wird, wird auch die Warteschlange gelöscht. Ihre Syntax lautet

```
#pragma intel omp taskq
    [Klausel[[,]Klausel]...]
  // Codeblock
```

Die Direktive kann mit den bekannten Klauseln `private`, `firstprivate`, `lastprivate`, `reduction`, `ordered` und `nowait` kombiniert und wie üblich mit der `parallel`-Direktive zu `#pragma intel omp parallel taskq` zusammengefasst werden. An ihrem Ende steht eine implizite Barriere.

Die einzelnen Arbeitseinheiten werden mit dem Pragma `task` spezifiziert. Jeder innerhalb eines mit `taskq` markierten Abschnitts liegende `task`-Block wird als zu erledigende Aufgabe zur Warteschlange hinzugefügt, von wo aus er einem Thread aus dem Team zur Ausführung zugewiesen wird:

```
#pragma intel omp task
    [Klausel[[,]Klausel]...]
  // Codeblock
```

Erlaubte Klauseln sind **private** und die nur für dieses Pragma gültige Klausel **captureprivate(Liste)**, die die in der Argumentliste genannten privaten Variablen per Copy-Konstruktor mit dem Wert der ursprünglichen Variablen initialisiert, also der Funktionalität der **lastprivate**-Klausel entspricht.

Wie auch bei allen Arbeit aufteilenden Direktiven gibt es keine implizite Synchronisierung zwischen einzelnen Tasks. Der Programmierer muss selbst dafür Sorge tragen, dass keine Abhängigkeiten bestehen oder aber entsprechende Synchronisierungsmechanismen implementieren.

Das denkbar einfachste Beispiel zur Parallelisierung mit **taskq** ist das Traversieren einer Menge von verketteten Listen, wie wir es in Abschnitt 3.8 bereits mit **single** und **nowait** umgesetzt haben. In jedem Durchlauf der **while**-Schleife wird ein Listenelement bearbeitet und danach der Zeiger auf das nächste Listenelement ausgelesen, bis alle Elemente abgearbeitet sind.

```
void processList(List* list)
{
   while(list != NULL)
   {
      process(list);
      list = list->next;
   }
}
```

Die parallele Version mit **taskq** und **task** sieht wie folgt aus:

```
1  void processList(List* list)
2  {
3  #pragma intel omp parallel taskq
4     {
5        while(list != NULL)
6        {
```

```
 7  #pragma intel omp task captureprivate(list)
 8        process(list);
 9
10        list = list->next;
11    }
12  }
13 }
```

Der Schleifenkörper und damit das Einreihen der Tasks in
die Warteschlange werden sequentiell durch einen einzigen
Thread ausgeführt, weswegen der Zugriff auf das nächste
Listenelement in Zeile 10 auch nicht synchronisiert werden muss. Die Variable `list` ist für den parallelen Abschnitt implizit `shared`. Innerhalb jedes Tasks wird durch
`captureprivate` eine private Kopie erstellt und mit dem
aktuellen Wert im Schleifenkörper initialisiert, bevor der
Task an die Warteschlange angefügt wird [35].

Mit dem Warteschleifen-Paradigma ist es nun auch möglich, rekursive Aufrufe auf komplexen Datenstrukturen elegant und inkrementell zu parallelisieren, wie z. B. eine Operation auf Binärbäumen, in denen jeder Knoten einen linken
und einen rechten Nachfolger haben kann. In sequentieller
Form könnte eine rekursive Funktion, die für alle Knoten
eines Baumes eine Berechnung durchführt, wie folgt aussehen:

```
void traverse(struct node* p) {
  if (p->left)
    traverse(p->left);
  if (p->right)
    traverse(p->right);
  process(p->data);
}
```

Mit dem *workqueueing*-Modell lässt sich jeder Funktionsaufruf als Task auffassen:

```
void traverse(struct node* p) {
```

```
#pragma intel omp taskq
  {
    if (p->left)
      traverse(p->left);
    if (p->right)
      traverse(p->right);

#pragma intel omp task
    process(p->data);
  }
}
```

Hier zeigt sich die große Flexibilität von `taskq`, da innerhalb eines `taskq`-Blocks beliebiger Code stehen kann – auch weitere `taskq`-Direktiven. Jeder rekursive Aufruf von `traverse` erzeugt eine neue `taskq`-Verschachtelungsebene, die von genau einem Thread erzeugt wird. Die `process()`-Operationen auf den Daten in jedem Knoten sind die Tasks, die parallel abgearbeitet werden. Die Besonderheit so ineinander verschachtelter `taskq`-Pragmas ist, dass die Threads, die Tasks auf weiter außen liegenden Warteschlangen abarbeiten, auch zur Erledigung der Aufgaben der inneren Warteschlangen benutzt werden. Die Anzahl der Threads muss also nur einmal auf der äußersten Verschachtelungsebene festgelegt werden. Wird auf einer inneren Warteschlange neue Arbeit hinzugefügt, können untätige Threads von einer weiter außen liegenden Warteschlange abgezogen und zur Erledigung der neuen Aufgaben herangezogen werden. Im obigen Beispiel wird also der gesamte Binärbaum vom gleichen Thread-Team traversiert, das dynamisch von jenen Warteschleifen Tasks zugeteilt bekommt, an denen gerade Arbeit anfällt [35]. Der erste Aufruf der Funktion muss natürlich aus einem parallelen Abschnitt heraus erfolgen, da in der Funktion selbst keine Threads gestartet werden.

6.3 Ausblick auf die task-Direktive in OpenMP 3.0

Das OpenMP Architecture Review Board – die Organisation, die die OpenMP-Spezifikation herausgibt – hat den Bedarf für eine Erweiterung von OpenMP für Parallelisierungskonzepte jenseits von Schleifen und statischen `sections` ebenfalls erkannt und im Entwurf für die kommende OpenMP-Spezifikation 3.0 parallele Tasks vorgesehen. Da es sich bislang nur um einen Entwurf handelt, können sich Details bis zur endgültigen Fassung noch ändern.

Grundsätzlich ist ein Task im Sinne von OpenMP 3.0 ein Codeblock, dessen Anweisungen sequentiell abgearbeitet werden. Allerdings sind Tasks nicht in eine Warteschlange eingebunden, und auch in weiteren wichtigen Punkten unterscheidet sich das dort vorgestellte Konzept von den bisherigen:

- Trifft ein Thread auf ein Task-Konstrukt, so kann er den Task sofort selbst ausführen oder seine Ausführung auf später verschieben. In diesem Fall wird der Task später durch einen beliebigen Thread aus dem Team ausgeführt.

- Im Gegensatz zu allen anderen parallel ausführbaren Arbeitseinheiten (ob Schleifeniterationen, `sections` oder Tasks in Intels Warteschlangenmodell) sind Tasks in OpenMP 3.0 für die Dauer ihrer Ausführung nicht an genau einen ausführenden Thread gebunden. Vielmehr kann ein Task zu verschiedenen Zeitpunkten von verschiedenen Threads ausgeführt werden (siehe unten).

- Das impliziert, dass jeder Task – und auch das unterscheidet sie grundsätzlich von allen anderen Arbeit aufteilenden Konzepten – seinen eigenen, privaten Datenbereich hat. Führt ein Thread einen Task aus, so geschieht das unter Verwendung des Datenbereichs des Tasks, nicht dessen des Threads. Der Inhalt des Task-Datenbereichs bleibt bis zur Beendigung des Tasks erhalten.

- An sogenannten Scheduling-Punkten im Programm kann ein Thread die Ausführung eines Tasks A unterbrechen und stattdessen einen Task B ausführen. Die Ausführung von Task A kann danach an der logischen Stelle im Programmablauf, an der seine Ausführung ausgesetzt wurde, wieder aufgenommen werden, und zwar möglicherweise durch einen anderen Thread als den ursprünglichen.

- Task-Direktiven können ineinander verschachtelt sein, aber der innen liegende Task zählt nicht als Teil des außen liegenden. Er wird als „Kind"-Task bezeichnet.

Die Syntax der Task-Direktive lautet

```
#pragma omp task [Klausel[[,]Klausel]...]
   // Codeblock
```

Erlaubte Klauseln sind `default(shared|none)`, `private`, `firstprivate`, `shared`, `if(Bedingung)` und `untied`. Die vier erstgenannten dienen der Initialisierung des Datenbereichs des Tasks und verhalten sich wie ihre Entsprechungen für andere Arbeit aufteilende Konstrukte. Die Klauseln `if(Bedingung)` und `untied` bedürfen näherer Erläuterung:

- Trifft ein Thread auf eine `task`-Direktive mit einer `if(Bedingung)`-Klausel und wertet `Bedingung` zu `false` aus, so muss der Thread sofort mit der Ausführung des neuen Tasks beginnen. Führt er bereits einen anderen Task aus, so wird dessen Ausführung ausgesetzt und nicht wieder aufgenommen, bis die Ausführung des inneren Tasks beendet ist.

- Mit der `untied`-Klausel lässt sich kontrollieren, welche Threads die Ausführung eines ruhenden Tasks an einem Scheduling-Punkt wieder aufnehmen dürfen. Das Standardverhalten ist, dass die Ausführung eines Tasks nur von dem Thread wieder aufgenommen werden kann, der ihn ursprünglich ausgeführt hat. Wenn eine **task**-Direktive dagegen mit der Klausel **untied** versehen ist, darf die Wiederaufnahme durch jeden beliebigen Thread erfolgen.

Als Beispiel für die Verwendung der neuen Task-Direktive betrachten wir wieder eine Funktion zum Traversieren von Binärbäumen. Sie muss aus einem parallelen Abschnitt heraus aufgerufen werden, wenn die Tasks parallel ausgeführt werden sollen [28]. Sie unterscheidet sich syntaktisch von der Parallelisierung mit Intels Warteschlangen-Konzept durch das Fehlen der **taskq**-Umgebung:

```
void traverse(struct node* p) {
  if (p->left)
#pragma omp task // p ist standardmäßig
    firstprivate
    traverse(p->left);
  if (p->right)
#pragma omp task // p ist standardmäßig
    firstprivate
    traverse(p->right);
  process(p->data);
}
```

Ohne dass der Programmierer dies explizit angeben müsste, wird p im obigen Beispiel für jeden Thread als **firstprivate**-Variable behandelt. Jeder Thread besitzt also seine eigene, initialisierte Kopie.

6.3.1 Scheduling-Punkte

Die zweite neu eingeführte Direktive im Zusammenhang mit Tasks in OpenMP 3.0 ist **#pragma omp taskwait**. Ihre

Funktionalität hat gewisse Ähnlichkeiten mit der einer Barriere. Sie besagt, dass die weitere Ausführung eines Tasks über diesen Punkt hinaus erst dann möglich ist, wenn alle seit dem Beginn der Ausführung des Tasks neu generierten Kind-Tasks beendet sind. Mit `taskwait` lässt sich aus dem obigen allgemeinen Traversierungsbeispiel eine Postorder-Traversierung machen. Bei einer Postorder-Traversierung werden zunächst beide Unterbäume eines Knotens besucht, bevor der Knoten selbst bearbeitet wird:

```
void traverse(struct node* p) {
  if (p->left)
#pragma omp task // p ist standardmäßig
    firstprivate
    traverse(p->left);
  if (p->right)
#pragma omp task // p ist standardmäßig
    firstprivate
    traverse(p->right);
#pragma omp taskwait
  process(p->data);
}
```

Durch `taskwait` ist garantiert, dass zunächst alle Tasks, die Berechnungen auf den Unterbäumen ausführen, beendet sein müssen, bevor `process()` auf dem Wurzelknoten aufgerufen wird.

Damit können wir nun die bereits angesprochenen Scheduling-Punkte genauer definieren. An folgenden Positionen im Programm kann die OpenMP-Laufzeitumgebung einen *task switch*, d.h. einen Wechsel des gerade ausgeführten Tasks, einleiten:

- direkt nach der Generierung eines neuen Tasks;
- nach der Beendigung eines Tasks, wenn die letzte Anweisung in einem `task`-Block abgearbeitet wurde;

- an jedem Punkt innerhalb eines Tasks mit der **untied**-Klausel.
- an **taskwait**-Direktiven;
- an (impliziten wie expliziten) Barrieren.

Während der Vorbereitung des neuen OpenMP-Standards wurden noch weitere Task-Sprachkonstrukte zur Aufnahme in den Standard vorgeschlagen, z. B. **taskgroup** oder **taskyield** [3]. Diese sind bislang nicht in den Entwurf eingegangen.

Bei der Drucklegung dieses Buches lag noch keine kommerziell erhältliche Implementierung des Vorschlags zum neuen OpenMP-Standard vor. Es existieren jedoch Prototypen, die die **task**-Direktive bereits unterstützen. Eine Evaluation eines solchen Prototyps auf verschiedenen parallelen Benchmarks hinsichtlich der Anwendbarkeit, Ausdrucksmächtigkeit und auch Effizienz ergab, dass das neue Task-Modell von OpenMP insbesondere bei hohen Prozessoranzahlen in allen Bereichen konkurrenzfähig zur Implementierung des Warteschlangen-Pragmas in Intels C++-Compiler ist [4].

7

Die OpenMP-Laufzeitbibliothek

Die meisten Funktionen aus der OpenMP-Laufzeitbibliothek haben in den bislang verwendeten Beispielen bereits Verwendung gefunden. Im Folgenden werden diese nochmals zusammengefasst und die bislang noch nicht behandelten vorgestellt.

7.1 Zeitmessung

Parallelisiert man Programmcode mit OpenMP, so ist es wichtig zu prüfen, ob sich aus der Parallelisierung überhaupt – und falls ja, in welchem Umfang – eine Beschleunigung ergibt und wie effizient die Ressourcen der zugrundeliegenden Architektur genutzt werden (siehe Abschnitt 1.2.3). Die Laufzeitbibliothek bietet hierzu portable Funktionen zur Messung der Ausführungszeit von Programmcode.

Die Funktion `double omp_get_wtime()` liefert die Zeit in der Einheit Sekunde zurück, die seit einem implementierungsabhängigen, aber festen Zeitpunkt in der Vergangenheit verstrichen ist. Zur Zeitmessung speichert man den Zeitpunkt des Beginns der Ausführung ab und bildet nach deren Ende die Differenz aus diesem Wert und der aktuellen Zeit:

```cpp
double start = omp_get_wtime();
// ... zu vermessender Codeabschnitt
double elapsed = omp_get_wtime() - start;
```

Befindet sich der zu vermessende Code komplett innerhalb eines parallelen Abschnitts, so kann der Aufruf von `omp_get_wtime()` innerhalb eines `single`-Blocks erfolgen, damit die Zeitnahme nur einmal erfolgt:

```cpp
#pragma omp parallel
{
    // ...
#pragma omp single nowait
    double start = omp_get_wtime();
    // ... zu vermessender Codeabschnitt
#pragma omp single nowait
    double end = omp_get_wtime();
    // ...
} // Ende paralleler Abschnitt
```

Auch wenn der Rückgabewert vom Typ `double` ist, ist die zeitliche Auflösung begrenzt und hängt von der zugrundeliegenden Architektur und vom Betriebssystem ab. Die zu messende Laufzeit sollte also nicht zu kurz sein, um den Messfehler klein zu halten. Die Rückgabewerte von `omp_get_wtime()` basieren auf einem internen Timer. Die Funktion `double omp_get_wtick()` gibt die Anzahl Sekunden zwischen zwei Ticks dieses Timers zurück.

7.2 Parameter der Laufzeitumgebung

Die Funktion `omp_get_thread_num()` hat bereits in Codebeispielen als nützliche Debuggingfunktion Verwendung gefunden. Sie gibt die Kennnummer des sie ausführenden Threads zurück. Eine weitere Anwendungsmöglichkeit ist das Aufteilen von Arbeit innerhalb eines Teams anhand der Kennnummer. Auf diese Weise kann der Programmierer z. B. seine eigenen Ablaufpläne für Schleifen gestalten.

Weitere Funktionen, die Parameter der Laufzeitumgebung oder des ausführenden Systems abfragen oder beeinflussen, sind:

- `int omp_get_num_procs()` liefert die Anzahl der Prozessoren, auf denen das Programm parallel ausgeführt werden kann.
- `int omp_in_parallel()` gibt einen von 0 verschiedenen Wert (`true`) zurück, falls sich der Aufruf innerhalb eines aktiven (d. h. von einem Team von Threads ausgeführten) parallelen Abschnitts befindet, und ansonsten den Wert 0 (`false`).
- `void omp_set_nested(int nested)` aktiviert – soweit der Compiler dies unterstützt – verschachtelte Parallelität bei ineinander verschachtelten parallelen Abschnitten.
- `int omp_get_nested()` fragt ab, ob verschachtelte Parallelität aktiviert ist (siehe S. 122).

7.2.1 Dynamische Anpassung von Thread-Teamgrößßen

In Abschnitt 3.4 wurden die verschiedenen Möglichkeiten, die Anzahl der Threads in einem Team zu beeinflussen, vorgestellt und dabei auch auf die Funktionalität von `omp_set_num_threads()`, `omp_get_num_threads()` und `omp_get_max_threads()` eingegangen.

Laufen mehrere Programme mit jeweils mehreren Threads auf einem Mehrprozessorsystem, so kann der Fall eintreten, dass die Gesamtzahl aller von den Programmen zur Ausführung ihrer Threads angeforderten Prozessoren die Anzahl der physikalisch im System vorhandenen Prozessoren übersteigt. Dies kann die Leistung aller beteiligten Programme und den Durchsatz des Gesamtsystems negativ beeinflussen.

OpenMP verfügt über einen Mechanismus, diesem Problem entgegenzuwirken. Die Laufzeitumgebung kann die Anzahl der Threads in einem Team dynamisch anpassen, wenn der Systemzustand dies erfordert. Diese Anpassung erfolgt jedoch immer nur in seriellen Programmteilen zwischen zwei parallelen Abschnitten. Während der parallelen Ausführung ist die einmal festgesetzte Anzahl von Threads für die Dauer des Abschnitts garantiert.

Mit der Funktion `void omp_set_dynamic(int active)` kann die dynamische Anpassung von Thread-Teamgrößen aktiviert (`active!=0`) oder deaktiviert werden (`active==0`). Alternativ kann die Umgebungsvariable `OMP_DYNAMIC` auf `true` oder `false` gesetzt werden. Ist diese Funktionalität aktiv, wird jeder parallele Abschnitt von einer Anzahl von Threads ausgeführt, die zwischen 1 und der maximalen Anzahl liegt, deren Festlegung in Abschnitt 3.4 erklärt wird.

Sind dynamische Teamgrößen aktiviert, so ist die Funktionalität threadprivater Variablen eingeschränkt (siehe hierzu S. 118). Der OpenMP-Standard gibt nicht vor, ob die dynamische Anpassung bei Programmstart aktiviert oder deaktiviert ist. Möchte man sichergehen, muss man daher zunächst `omp_set_dynamic()` mit dem gewünschten Argument aufrufen.

7.3 Synchronisation

Die Bibliotheksfunktionen zur Synchronisation von Threads sind:

- `omp_init_lock()` bzw. `omp_init_nest_lock()`
- `omp_destroy_lock()` bzw. `omp_destroy_nest_lock()`
- `omp_set_lock()` bzw. `omp_set_nest_lock()`
- `omp_unset_lock()` bzw. `omp_unset_nest_lock()`
- `omp_test_lock()` bzw. `omp_test_nest_lock()`

Sie werden in Kapitel 4, „Synchronisation", in Abschnitt 4.5 ausführlich behandelt.

Alle aufgeführten Funktionen funktionieren auch bei sequentieller Ausführung des Programms wie erwartet. So liefern etwa `omp_get_num_threads()` den Wert 1 zurück und `omp_get_max_threads()` die maximale Anzahl der möglichen Threads in einem parallelen Abschnitt; `omp_set_num_threads` hat im sequentiellen Kontext keinen Effekt.

8

Effiziente Parallelisierung

Letztlich entscheidet die Effizienz einer Parallelisierung darüber, ob sich der zusätzliche Aufwand bei der Programmierung gelohnt hat (die Korrektheit natürlich vorausgesetzt). Im abschließenden Kapitel dieses Buchs sind einige Tipps und Hinweise zusammengefasst, die beim Erstellen skalierender paralleler Programme helfen sollen.

Obwohl OpenMP eine der einfachsten Möglichkeiten darstellt, durch inkrementelles Vorgehen Schritt für Schritt ohne komplette Neustrukturierung des Codes ein Programm zu parallelisieren, zeigt sich in der Praxis, dass die effiziente Parallelisierung, an deren Ende ein skalierbares Programm steht, ein nichttriviales Unterfangen ist [15].

Gerade beim Einstieg in OpenMP sind die Ergebnisse oft ernüchternd: Das parallelisierte Programm läuft um ein Vielfaches langsamer als das sequentielle! Oft liegt das daran, dass zu Beginn nicht ausreichend berechnungsintensive Algorithmen parallelisiert werden und der zusätzliche Verwaltungsaufwand für mehrere Threads die durch die Parallelisierung erreichbare Beschleunigung auffrisst. Bei manchen Problemen lohnt sich eine parallele Ausführung erst ab einer gewissen Problemgröße. Hier kommt die `if`-Klausel zum Einsatz, die die Ausführung eines parallelen Abschnitts an eine zur Laufzeit ausgewertete Bedingung knüpft, wie etwa der Anzahl der in einer Schleife auszuführenden Iterationen.

Stellt sich heraus, dass ein parallelisiertes Programm nicht skaliert, sollte man sich folgende Fragen stellen [15, 36]:

Ist die sequentielle Version des Programms ausreichend optimiert?

Parallele Ausführung ist keine Optimierungsmethode für ineffizient programmierte sequentielle Programme. Es ist nicht zu erwarten, dass ein solches Programm vernünftig skaliert. Vor der Parallelisierung sollten daher alle Möglichkeiten zur effizienten sequentiellen Implementierung ausgeschöpft worden sein. Standardoptimierungen umfassen u. a.:

- So wenig Arbeit wie möglich auszuführen;
- Teure Operationen zu vermeiden. Einen Algorithmus 1 : 1 in Code umzusetzen ist zunächst einmal eine gute Idee. Nach der korrekten Implementierung sollte man alle verwendeten Operationen dahingehend prüfen, ob sie nicht durch weniger rechenintensive Operationen ersetzt werden könnten (z. B. ein Funktionsaufruf durch eine Look-Up-Table) oder ob eine Neustrukturierung des Algorithmus Laufzeitvorteile mit sich bringen könnte;
- Den Speicherbereich, auf den während der Ausführung zugegriffen wird, möglichst klein zu halten. Die Möglichkeiten hierzu hängen sehr stark vom jeweiligen Algorithmus ab. Im Allgemeinen wird dies die Wahrscheinlichkeit von Cache Misses verringern und sich positiv auf die Laufzeit auswirken;

- Die Nutzung von Parallelität auf weiter unten liegender Ebene durch die Verwendung von SIMD-Konzepten wie MMX und SSE;
- Die Vermeidung der ständigen Neuberechnung gemeinsam genutzer Ausdrücke. In Schleifen kann z. B. oft eine in die Berechnung einfließende Konstante vor dem Eintritt in die Schleife einmal berechnet und in einer `const`-Variablen abgelegt werden;

Kann das Programm überhaupt skalieren? Welche Beschleunigung ist nach dem Amdahl'schen Gesetz zu erwarten?

Im einführenden Kapitel wurden das Amdahl'sche und das Gustafson'sche Gesetz diskutiert, die Vorhersagen über die Skalierbarkeit paralleler Programme in Abhängigkeit von derem seriellen Anteil machen. Vor diesem theoretischen Hintergund muss man beurteilen, wie hoch der serielle Anteil am Programm ist und damit wie realistisch die eigenen Erwartungen an die Skalierbarkeit einer Parallelisierung überhaupt sind. Hierbei ist zu beachten, dass kritische Abschnitte von nur einem Thread gleichzeitig ausgeführt werden und viele kritische Abschnitte daher den sequentiellen Anteil des Programms erhöhen können. Natürlich ist Korrektheit eine notwendige Voraussetzung einer Parallelisierung und darf in keinem Fall der Leistungssteigerung geopfert werden. Hier kann es vorteilhaft sein, mit den Lock-Funktionen der Laufzeitbibliothek eine exaktere Synchronisation auf gemeinsam genutzten Ressourcen zu implementieren, als es mit `critical` möglich ist. Ein orthogonaler Ansatz dazu ist, eigentlich gemeinsam genutzte Ressourcen jedem Thread als private Kopien mitzugeben und am Ende die Ergebnisse sequentiell zusammenzufassen, um den Synchronisationauswand zu minimieren.

Welche Codebestandteile verbrauchen die meiste Rechenzeit?

Mit einem Performance-Profiler lassen sich diejenigen Codeabschnitte identifizieren, die die meiste Rechenzeit verbrauchen. Können Funktionen, die sehr oft aufgerufen werden, noch weiter optimiert werden? Oft können so die für die Laufzeit problematischen Abschnitte identifiziert werden.

Wurde die Gesamtanzahl paralleler Abschnitte so klein wie möglich gehalten?

Das Starten und Beenden (bzw. Ruhen lassen) von Threads bei jedem Eintreten und Verlassen paralleler Abschnitte ist mit nicht zu vernachlässigendem Verwaltungsaufwand verbunden. Im Falle von parallelen Schleifen kommt noch zusätzlicher Aufwand für die Zuweisung von Iterationen an Threads hinzu. Mit jedem parallelen Abschnitt in einem Programm erhöht sich dieser Anteil am Gesamtaufwand. Oft ist es möglich, zwei parallele Abschnitte, die nur durch wenige sequentielle Anweisungen getrennt sind, zusammenzufassen, indem man die sequentiellen Anweisungen in einem `single`- oder `master`-Block innerhalb des neuen parallelen Abschnitts klammert.

Wurden verschachtelte Schleifen so weit außen wie möglich parallelisiert?

Bei ineinander verschachtelten Schleifen sollte nach Möglichkeit (wenn also keine Datenabhängigkeiten dem entgegenstehen) die äußerste Schleife parallelisiert werden. Die Begründung hierfür hängt mit der im vorigen Abschnitt erläuterten Problematik zusammen: Innen liegende parallele

Abschnitte werden in jeder Iteration einer weiter außen liegenden Schleife betreten und verlassen und tragen so zu einer Multiplikation des Verwaltungsaufwands bei.

Wurden, wo immer möglich, nowait-Klauseln verwendet, um Wartezeiten an impliziten Barrieren zu minimieren?

Am Ende aller Arbeit aufteilenden Direktiven steht eine implizite Barriere. Dies ist oft erwünscht, um Wettlaufsituationen im nachfolgenden Code zu vermeiden. Dort, wo es aber nicht notwendig ist, dass alle Threads auf die Beendigung der Berechnungen auch des letzten Threads im Team warten, sollte immer eine nowait-Klausel an die Arbeit aufteilende Direktive angefügt werden.

Arbeiten alle verwendeten Prozessoren ungefähr mit der gleichen Auslastung?

Während der inkrementellen Parallelisierung mit OpenMP sollte man das Programm immer wieder ausführen, seine Laufzeit messen und dabei auch die Auslastung der Prozessoren, auf denen das Programm läuft, protokollieren. Stellt man ein Ungleichgewicht bei der Prozessornutzung fest, muss die Aufteilung der Arbeit auf die Threads neu überdacht werden. Bei parallelen Schleifen genügt oft die Anpassung des verwendeten Ablaufplans. Muss das Team gegen Ende der Schleifenausführung lange auf einen Thread warten, so kann man einen dynamischen Ablaufplan mit kleinerer Stückgröße wählen.

Wie bereits eingangs dieses Kapitels erwähnt: Die Parallelisierung „kleiner" Schleifen mit wenig Rechenaufwand pro Iteration lohnt sich nur ab einer gewissen Problemgröße bzw. Anzahl von Iterationen. Die parallele Ausführung kann daher an die if-Klausel geknüpft werden.

Falls die Anzahl der Iterationen in der Größenordnung der Anzahl der Threads im Team liegt, kann dies zu ungleichmäßiger Prozessorauslastung führen.

Wurde die Möglichkeit zur Privatisierung von Daten optimal genutzt? Kommt es zu False Sharing-Effekten?

Aus Sicht des Programmierers erscheint der Speicher eines Rechners als ein einziger monolithischer Block. In Wirklichkeit handelt es sich um eine Hierarchie von verschiedenen Speicherebenen zwischen den CPUs und ihren Registern und dem Hauptspeicher. Der Zugriff auf diese Ebenen ist für den Programmierer transparent. In erster Annährung lässt sich feststellen, dass die Speicherkapazität einer solchen Ebene zu- und ihre Zugriffsgeschwindigkeit abnimmt, je weiter sie in der Hierarchie von der CPU entfernt ist. Die dazwischenliegenden Pufferspeicher bezeichnet man als *Caches*. Sie halten einen Teil der Inhalte langsamerer Speicherebenen als Kopie vor, um der CPU einen schnelleren Zugriff auf diese Daten zu ermöglichen. Die genaue hierarchische Anordnung der Caches hängt von der zugrundeliegenden Hardwarearchitektur ab (siehe hierzu z. B. [29]). Das Ziel jeder Strategie zur Cache-Belegung ist es, möglichst viele Anfragen direkt aus dem Cache bedienen zu können, also eine möglichst hohe Trefferrate zu erzielen, ohne auf langsamere Speicherebenen zugreifen zu müssen. Hierzu versucht man, die zeitliche und räumliche Lokalität in Datenzugriffsmustern auszunutzen: Wenn auf bestimmte Daten bereits einmal zugegriffen wurde, so erhöht sich die Wahrscheinlichkeit, dass auf diese Daten oder ihre im Speicher benachbarten Daten nochmals zugegriffen wird. Die Inhalte eines Caches müssen nicht zu jedem Zeitpunkt konsistent mit denen des Hauptspeichers sein, aber ein Cache-

Kohärenz-Mechanimus sorgt dafür, dass bei jedem Zugriff auf Daten deren aktueller Wert zurückgeliefert wird.

Ihrer Natur gemäß ist die Größe der Caches begrenzt. Als *Cache-Line* bezeichnet man einen Block mehrerer aufeinanderfolgender Speicheradressen, von denen ein Cache mehrere enthält. Der Datentransfer zwischen einem Cache und den angrenzenden Speicherebenen in der Hierarchie erfolgt – im Einklang mit dem Prinzip der Lokalitätsausnutzung – immer in ganzen Cache-Lines. Muss also eine Variable neu in den Cache geladen werden, die vorher nicht im Cache stand oder deren Wert sich geändert hat, werden auch die benachbarten Speicheradressen in der Cache-Line mit ausgetauscht. Wird eine Speicheradresse im Cache modifiziert, muss der Cache-Kohärenz-Mechanismus alle anderen Adressen in derselben Cache-Line auch in allen anderen Caches im gesamten System als ungültig markieren. Die Größe einer Cache-Line variiert mit der Position in der Speicherhierarchie, überschreitet aber in der Regel in heutiger Hardware nicht den dreistelligen Byte-Bereich.

An dieser Stelle sei für mehr Informationen zum Thema Caches auf [6, 15, 33] verwiesen. Stattdessen wollen wir auf die Problematik, die diese Bauweise moderner Mikroprozessorarchitekturen für die Parallelisierung von Programmen mit sich bringt, näher eingehen. Grundsätzlich sollen Caches die Programmausführung ja beschleunigen. Bei parallelen Programmen kann der Cache-Kohährenz-Mechanismus jedoch dazu führen, dass viele Daten zwischen den unterschiedlichen Caches im System hin und her transportiert werden müssen und die Leistung so beeinträchtigt wird. Die gute Nachricht ist, dass auch der gegenteilige Effekt eintreten kann: Nämlich dass ein Thread die Daten, die der nächste Thread für seine Berechnungen benötigt, bereits in den Cache geladen hat und das Gesamtsystem eine Beschleunigung erfährt, die die Anzahl der verwendeten Prozessoren sogar übersteigt. Man spricht in diesem (seltenen) Fall von superlinearer Beschleunigung (siehe Abschnitt 1.2.3).

Das Standardverhalten von OpenMP ist es, eine Variable, die außerhalb eines parallelen Abschnitts deklariert wurde, beim Eintritt in diesen als `shared` zu behandeln, wenn der Programmierer nicht ausdrücklich etwas Anderes angibt. Es ist also „bequem", Variablen einfach als `shared` zu belassen. Private Variablen jedoch werden jedem Thread als exklusive Kopie zugewiesen, was die Lokalität im Sinne der Cachenutzung erhöht. Wo immer möglich, sollten Variablen also als privat markiert werden.

Es gilt darüber hinaus, noch andere Effekte zu beachten. Beim sogenannten *False Sharing* wird auf dieselbe Cache-Line von mehreren Prozessoren gemeinsam zugegriffen, obwohl sie eigentlich unterschiedliche, jedoch benachbarte Daten bearbeiten. Ein typisches Erkennungsmerkmal von False Sharing ist es, dass parallele Programme mit zunehmender Threadanzahl immer schlechter skalieren, da sich das Problem verschlimmert, je mehr Threads daran beteiligt sind. Beispielhaft hierfür ist der Zugriff auf unterschiedliche Elemente eines Vektors (die alle hintereinander im Speicher liegen) in einer Schleife, wobei der Schleifenindex auch als Vektorindex genutzt wird. Gerade bei dynamischen Ablaufplänen mit kleinen Stückzahlen kann es dazu kommen, dass Threads immer alternierend auf Vektorelemente zugreifen und in den ausführenden Prozessoren wechselseitig die entsprechenden Cache-Lines ungültig machen, was ständiges Nachladen erfordert. Eine mögliche Lösung für dieses konkrete Problem stellt die Verwendung statischer Ablaufpläne dar, die die Bereiche des Vektors, auf die die Threads zugreifen, möglichst weit voneinander separiert[1].

---

[1] Der Leser sei an dieser Stelle darauf hingewiesen, dass dieser Ratschlag im Widerspruch zu einem weiter oben gegebenen

Weitere Lösungsmöglichkeiten sind:

- Die zugrundeliegende Datenstruktur dahingehend zu verändern, dass zusätzlicher Speicherplatz zwischen den Adressbereichen, auf die die Threads zugreifen, eingefügt wird [34]. Dies bezeichet man als *Padding*.
- Jedem Thread eine private Kopie der Daten zur Verfügung zu stellen. Eine als `private` markierte Variable wird für jeden Thread beim Eintritt in einen parallelen Abschnitt auf dessen Stack alloziert. Die Wahrscheinlichkeit, dass die privaten Variablen unterschiedlicher Threads auf derselben Cache-Line liegen, ist gering. Am Ende des parallelen Abschnitts können die Zwischenergebnisse aus den privaten Kopien in einem durch geeignete Synchronisationsmechanismen gesicherten Abschnitt in einer gemeinsam genutzten Datenstruktur zusammengefasst werden, die im weiteren Programmverlauf weiter verwendet wird.

Sind alle kritischen Abschnitte benannt?

Der für die Korrektheit notwendige Synchronisationsaufwand lässt sich nicht umgehen. Umso wichtiger ist es, dass Threads nicht unnötig an nicht oder gleich benannten kritischen Abschnitten aufeinander warten müssen, obwohl gar keine Notwendigkeit dazu besteht. Siehe hierzu auch die in Abschnitt 4.5.2 angesprochenen Vorteile des Scoped Locking-Verfahrens. Darüber hinaus sollte geprüft werden, ob ein kritischer Abschnitt möglicherweise durch eine `atomic`-Direktive oder eine `reduction`-Klausel ersetzt werden kann.

Ratschlag bezüglich der gleichmäßigen Auslastung aller Prozessoren steht. Wie eingangs des Kapitels festgestellt wurde: Effiziente Parallelisierung ist ein nichttriviales Unterfangen.

In welcher Umgebung läuft das Programm?

Bislang haben wir das parallelisierte Programm im Hinblick auf Optimierungsmöglichkeiten isoliert betrachtet. Wie im Abschnitt über die dynamische Anpassung von Thread-Teamgrößen auf Seite 141 bereits angesprochen, beeinflussen zeitgleich mit dem Programm vom System ausgeführte Prozesse das Laufzeitverhalten. Durch die Aktivierung der dynamischen Anpassung von Thread-Teamgrößen mit `omp_set_dynamic()` kann, wenn ein paralleler Abschnitt nicht von einer bestimmten Anzahl an Threads ausgeführt werden muss, eine Verbesserung des Laufzeitverhaltens erzielt werden.

Literaturverzeichnis

1. Dimitris Alevras and Manfred W. Padberg. *Linear Optimization and Extensions: Problems and Solutions*. Springer Verlag, 2001.
2. Gene M. Amdahl. Validity of the Single Processor Approach to Achieving Large Scale Computing Capabilities. *AFIPS spring joint computer conference*, 1967.
3. Eduard Ayguadé, Nawal Copty, Alejandro Duran, Jay Hoeflinger, Yuan Lin, Federico Massaioli, Ernesto Su, Priya Unnikrishnan, and Guansong Zhang. A Proposal for Task Parallelism in OpenMP. *Proceedings of the 3rd International Workshop on OpenMP. Beijing, China.*, 2007.
4. Eduard Ayguadé, Alejandro Duran, Jay Hoeflinger, Federico Massaioli3, and Xavier Teruel. An Experimental Evaluation of the New OpenMP Tasking Model. *Proceedings of the 20th International Workshop on Languages and Compilers for Parallel Computing, Urbana, USA.*, October 2007.
5. R.E. Benner, J.L. Gustafson, and G.R. Montry. Development and Analysis of Scientific Application Programs on a 1024-Processor Hypercube. *SAND 88-0317, Sandia National Laboratories*, 1988.
6. Uwe Brinkschulte and Theo Ungerer. *Mikrocontroller und Mikroprozessoren*. Springer-Verlag, 2002.

7. Frank Buschmann, Regine Meunier, Hans Rohnert, Peter Sommerlad, and Michael Stal. *Pattern-Oriented Software Architecture Volume 1: A System of Patterns*. Wiley, 1996.

8. Rohit Chandra, Leonardo Dagum, Dave Kohr, Dror Maydan, Jeff McDonald, and Ramesh Menon. *Parallel Programming in OpenMP*. Morgan Kaufmann Publishers, 2001.

9. Yen-Kuang Chen, Rainer Lienhart, Eric Debes, Matthew Holliman, , and Minerva Yeung. The Impact of SMT/SMP Designs on Multimedia Software Engineering: A Workload Analysis Study. *IEEE 4th Intl. Symposium on Multimedia Software Engineering (MSE 2002)*, December 2002.

10. Allen B. Downey. The little book of semaphores. Green Tea Press, **http://www.greenteapress.com/semaphores/**, 2005.

11. A. Duran, R. Ferrer, J.J. Costa, M. Gonzàlez, X. Martorell, E. Ayguadé, and J. Labarta. A Proposal for Error Handling in OpenMP. *International Journal of Parallel Programming*, 35(4):393–416, 2007.

12. Michael J. Flynn. Some Computer Organizations and their Effectiveness. *IEEE Transactions on Computers*, 1972.

13. Erich Gamma, Richard Helm, Ralph Johnson, and John Vlissides. *Design Patterns. Elements of Reusable Object-Oriented Software*. Addison-Wesley, 1995.

14. Kang Su Gatlin and Pete Isensee. OpenMP and C++: Reap the Benefits of Multithreading without All the Work. *MSDN Magazine*, Oktober 2005.

15. Georg Hager and Gerhard Wellein. Concepts of High Performance Computing. Technical report, Regionales Rechenzentrum Erlangen, 2007.

16. Jim Held, Jerry Bautista, and Sean Koehl. From a Few Cores to Many: A Tera-scale Computing Research Overview. *Intel White Paper*, 2006.

17. Jay P. Hoeflinger and Bronis R. de Supinski. The OpenMP Memory Model. *IWOMP 2005, Springer-Verlag*, 2005.

18. Intel Corporation. *Intel C++ Compiler Documentation, Document number: 304968-021US*, 2007.

19. Brian W. Kernighan and Dennis M. Ritchie. *Programmieren in C*. Carl Hanser Verlag, zweite ausgabe edition, 1990.

20. Geoff Koch. Discovering Multi-Core: Extending the Benefits of Moore's Law. *Technology@Intel Magazine*, 2005.

21. Lawrence Livermore National Laboratory. OpenMP Tutorial. `https://computing.llnl.gov/tutorials/openMP`.

22. Oliver Lau. Abrakadabra - Programme parallelisieren mit OpenMP. *c't*, 15:218–223, 2006.

23. Oliver Lau. Kammerjäger - Debuggen von Multithread-Programmen. *c't*, 12:202–207, 2007.

24. Gordon E. Moore. Cramming more Components onto Integrated Circuits. *Electronics, Volume 38, Number 8*, 1965.

25. Bradford Nichols, Dick Buttlar, and Jacqueline Proulx Farrell. *Pthreads Programming*. O'Reilly & Associates, Inc., Sebastopol, CA, USA, 1996.

26. OpenMP. Simple. Portable, Scalable SMP Programming. `http://www.openmp.org`.

27. OpenMP Application Program Interface, Version 2.5. `http://www.openmp.org/drupal/mp-documents/spec25.pdf`, Mai 2005.

28. OpenMP Application Program Interface, Draft 3.0 Public Comment. `http://www.openmp.org/drupal/mp-documents/spec30_draft.pdf`, Oktober 2007.

29. Thomas Rauber and Gudula Rünger. *Multicore: Parallele Programmierung* Springer-Verlag, 2008.

30. Douglas Schmid, Michael Stal, Hans Rohnert, and Frank Buschmann. *Pattern-Oriented Software Architecture Volume 2: Patterns for Concurrent and Networked Objects*. Wiley, 2000.

31. Sanjiv Shaha, Grant Haab, Paul Petersen, and Joe Throop. Flexible Control Structures for Parallelism in OpenMP. *Proceedings of the First European Workshop on OpenMP (EWOMP)*, 1999.

32. Yuan Shi. Reevaluating Amdahl's Law and Gustafson's Law. `http://joda.cis.temple.edu/~shi/docs/amdahl/amdahl.html`, aufgerufen am 26.06.2007, 1996.

33. Abraham Silberschatz, Peter Baer Galvin, and Greg Gagne. *Operating System Concepts*. John Wiley & Sons, seventh edition edition, 2005.

34. Holger Stengel. C++-Programmiertechniken für High Performance Computing auf Systemen mit nichteinheitlichem Speicherzugriff unter Verwendung von OpenMP. Master's thesis, University of Applied Sciences Georg-Simon-Ohm Fachhochschule Nürnberg, 2007.

35. Ernesto Su, Xinmin Tian, Milind Girkar, Grant Haab, Sanjiv Shah, and Paul Petersen. Compiler Support of the Workqueuing Execution Model for Intel SMP Architectures. *Proceedings of the Fourth European Workshop on OpenMP (EWOMP)*, 2002.

36. Michael Suess. Thinking Parallel. A Blog on Parallel Programming and Concurrency. `http://www.thinkingparallel.com`, 2008.

37. Xinmin Tian, Jay P. Hoeflinger, Grant Haab, Yen-Kuang Chen, Milind Girkar, and Sanjiv Shah. A Compiler for Exploiting Nested Parallelism in OpenMP programs. *Parallel Computing*, 31(10-12):960–983, 2005.

38. Wikipedia. Mooresches Gesetz. `http://de.wikipedia.org/wiki/Mooresches_Gesetz`, 2007.

39. Michael Wolfe. *High Performance Compilers for Parallel Computing*. Addison-Wesley, 1996.

Sachverzeichnis

atomic, 96
barrier, 106
copyin, 121
copyprivate, 82
critical, 93
default, 45
firstprivate, 37
flush, 109
for, 34
lastprivate, 37
master, 108
nowait, 83
ordered, 106
parallel for, 36
parallel, 23
private, 37
reduction, 47
section, 113
shared, 37, 42
single, 82
taskq, 130

taskwait, 137
task, 130
threadprivate, 118

Abhängigkeit, 32
Ablaufplan, 58
   dynamischer, 59
   geführter, 62
   statischer, 59
Amdahl'sches Gesetz, 14–15, 147
Arbeit aufteilen, 33
Atomare Operation, 95
Ausführungsmodell, 23
Ausgabeabhängigkeit, 74

Barriere, 23, 106
   implizite, 29, 35, 106
Beschleunigung, 13, 15, 19
   superlineare, 14

Cache, 14, 150

Cache-Line, 151
Compiler, 6
Compilerdirektive, *siehe*
    Direktive
Containerklasse, 84

Datenabhängigkeit, 68
  echte, 74
  in Schleifen, 69
Datenzugriffsklausel, 38
Deadlock, 94, 100
default, 37
Direktive, 3–4
  verwaiste, 122
Dynamische Anpassung, 142

Effizienz, 13, 145
Erzeuger-Verbraucher-
    Entwurfsmuster,
    111

False Sharing, 152
Fehlerbehandlung, 29
Flynn'sche Klassifikation, 11
Fork-Join-Prinzip, 23
Fortran, 7, 28, 125

Gültigkeitsbereich, 38
  lexikalischer, 38
Gegenabhängigkeit, 74
Gustafson'sches Gesetz,
    18–19, 147

High Performance Compu-
    ting, 31
Hyperthreading, 11

Intel-Compiler, 126

Iterator, 84

Kanonische Form, 34
Klammerung, 5
Klausel, 4
Kritischer Abschnitt, 43, 92,
    153
  benannter, 93

Laufzeitbibliothek, 5, 139
Leistungsmessung, 13
Lock-Funktion, 143
Locking, 98

MIMD, 12
Moore'sches Gesetz, 10
Multicore, 11
Mutex, 92, 105

OpenMP-Standard, 2, 4
Optimierung, 146

Paralleler Abschnitt, 23
Parallelisierung
  bedingte, 5, 64, 146
  inkrementelle, 3
Parallelität
  verschachtelte, 122
Philosophenproblem, 94
Pragma, *siehe* Direktive
Prozess, 8–9
Pthreads, 3, 10

reduction, 38
Rundungsfehler, 48

Scheduling-Punkt, 135
Shared Memory, 12

SIMD, 12, 147
Skalierbarkeit, 19
SMPD, 31
Speedup, *siehe* Beschleunigung
SSE, 12
STL, 86
Synchronisation, 26, 90, 143

Task, 29, 126, 134
    Task Switch, 137
Thread, 1, 9–10
    Master Thread, 23, 108
Thread-Team, 65

Umgebungsvariablen, 5

Variable
    automatische, 49
    Finalisierung einer, 51
    globale, 118
    Initialisierung einer, 51
    lokale, 49
Verklemmung, 94, 100
verschachtelte Parallelität, 141

Wächterobjekt, 101
Warteschlange, 127
Wettlaufsituation, 33, 67, 92

Zeitmessung, 97, 139